Listen!
Travel
English

들으면서 익히는 LTE 여행영어회화

Listen!
Travel
English
들으면서 익히는 LTE 여행영어회화

1판 1쇄 펴냄 2017년 4월 20일

지은이 WG Contents Group
펴낸이 정현순
디자인 조수영
일러스트 정원재

펴낸곳 ㈜북핀
등록 제2016-000041호(2016. 6. 3)
주소 서울시 광진구 천호대로 572, 5층 505호
전화 070-4242-0525 / 팩스 02-6969-9737

ISBN 979-11-87616-09-2   13740
값 8,800원

이 책은 저작권법에 따라 보호받는 저작물이므로 무단전재와 무단복제를 금합니다.
파본이나 잘못 만들어진 책은 구입하신 서점에서 바꾸어 드립니다.

Copyright © 2017 by ㈜북핀
All rights reserved. No part of this publication may be reproduced,
stored in a retrieval system, or transmitted in any form or by any means,
without the prior written permission of the publishers.

Listen!
Travel
English

들으면서 익히는 LTE 여행영어회화

WG Contents Group 저

Book blossom

여는글

현재는 말 그대로 전 세계가 하나인 지구촌 시대입니다.
해외 여행객의 수는 점점 늘어나고 해외 유학이나 해외 출장을 떠나는 일도 이제 주변에서 심심찮게 보게 됩니다. 그리고 어느 정도의 경제적인 여유만 있으면 다양한 문화를 가진 여러 국가들을 직접 여행하면서 풍부한 경험을 쌓을 수 있게 되었습니다.
외국으로 여행을 떠난다는 것은 단지 장소만의 경험이 아니라 다양한 지구촌 사람들과의 만남과 문화에 대한 인식의 폭이 넓어진다는 것을 의미합니다. 다른 국가의 문화를 접하고 이해하며, 그 나라의 사람들과 인사를 나누고 교감을 나눌 수 있다면 집을 떠나 멀리 타국으로 여행을 떠난 이유를 더 잘 느끼고 보다 많은 것을 얻을 수 있을 것입니다. 한데 언어의 장벽에 막혀 이런 다양한 경험의 기회를 포기해야 하는 것만큼 안타까운 일도 없을 것입니다.

요즘의 젊은 세대들은 비교적 영어의 사용에 자유롭습니다. 능숙하게 말할 수 있기 때문이 아니라 타인에 대한 두려움 없이 일단 부딪히고 보는 용기가 있기 때문입니다.
이에 비해 영어를 문법부터 시작한 분들은 영어에 대한 기본적인 두려움 외에도 외국인과 부딪혔을 때의 두려움, 그리고 주변 사람들의 시선에 대한 의식을 많이 합니다. 그래서 어렵게 나간 해외에서 외국인과 인사 한 마디 나누지 못하고 돌아오는 경우가 허다합니다

〈LTE 여행영어회화〉는 해외여행을 떠나면 누구나 자주 부딪히게 되는 상황을 실제 여행을 떠나듯이 차근차근 이야기로 풀어나가서, 누구나 쉽게 두려움 없이 갖가지 상황에 대처할 수 있도록 하였습니다.
책 속의 주인공 황 사장과 함께 책을 읽어 나가며 영어 대화를 따라하다 보면 출국부터 입국까지 자연스럽게 경험하게 됩니다.
책이 없더라도 MP3만으로도 충분히 연습이 가능하도록 한국인, 외국인 성우들이 정확한 발음으로 녹음하였으며, 어디서나 유용한 영어표현을 따로 모아 둠으로써 급할 때 찾아 말하기 쉽도록 구성하였습니다.

영어는 언어일 뿐입니다. 두려움의 대상이 아닙니다.
이제 비행기 안에서, 호텔에서, 관광지에서 어디서든 자신 있게 외국인들과 말하고 접하며 즐거운 해외여행을 떠나보세요.

⟨LTE 여행영어회화⟩만의 구성과 특징

▶ 즐거운 여행을 위한 Best 5 Information

해외 여행을 떠나기 전 꼭 알아야 할 내용만을 골라서 담았습니다. 이 정도만 알고 가면 매너 만점, 센스 만점의 한국인으로 즐거운 여행을 할 수 있습니다.

▶ PART 1 자신만만 황사장의 영어 여행기

❶ 스토리로 구성된 Dialogue
여행에서 마주치게 되는 사람들과 생생한 대화를 할 수 있도록 이야기식으로 풀어서 구성하였습니다. 우리의 주인공 황 사장이 겪게 되는 갖가지 상황을 상상하면서 영어로 말해 보세요.

❷ 들은 표현·말한 표현
Dialogue에서 들은 내용과 말한 내용을 다시 한번 정리해서 확실히 눈에 익고, 귀에 익고, 입에 익도록 합니다. 아울러 들은 표현, 말한 표현과 유사한 표현들을 더 살펴볼 수 있습니다.

❸ Travel words·필수 패턴
여행을 다닐 때는 단어가 힘! 다양한 단어를 익힘으로써 어디서든 당당히 의사 표현을 할 수 있겠죠? 또한 다양한 상황에서 꼭 필요한 패턴을 매 유닛마다 하나씩 따로 정리하였습니다. 주어진 단어를 활용해 연습함으로써 다양하게 응용할 수 있습니다.

❹ Top 5 Expressions
각 Chapter가 끝난 후 중요 표현은 다시 한번 짚어 보고 넘어갑니다.

▶ PART 2 어디서나 유용한 영어표현모음
각각의 상황에 맞는 표현을 소주제별로 정리하여 쉽게 찾아서 쓸 수 있도록 하였습니다. '이 말은 어떻게 해야 하나?' 고민할 필요 없이 바로 찾아서 활용하세요.

▶ PART 3 알아두면 힘이 되는 기본표현모음
외국인과 얘기할 때 알면 힘이 되는 기본적인 회화를 수록하였습니다. 여행지에서 빈번하게 사용되는 회화를 이용하여 외국인과 인사하고 대화하며 보다 즐겁고 보람찬 여행을 경험할 수 있습니다.

▶ MP3 다운로드 무료 제공
책 없이 MP3만 들어도 연습이 가능하도록 책 속의 스토리를 모두 담았습니다. 원어민의 정확한 발음을 들으면서 연습하면 어느새 영어회화에 자신이 생깁니다.

CONTENTS

즐거운 여행을 위한 Best 5 Information

PART 1 자신만만 황사장의 영어 여행기

Chapter 1 On the plane | 27
 기내 좌석 | 28
 기내식 | 32
 기내 서비스 | 36

Chapter 2 At the airport | 41
 비행기 갈아타기 | 42
 입국 심사 | 46
 짐 찾기·세관 검사 | 50

Chapter 3 In the hotel | 55
 호텔 체크인 | 56
 호텔 서비스 | 60
 호텔 트러블 | 64

Chapter 4 Go sightseeing | 69
 관광 정보 | 70
 매표소에서 | 74
 사진 찍기 | 78

Chapter 5 At a restaurant | 83
 식당 찾기 | 84
 식당 예약 | 88
 식사 주문 | 92

Chapter 6 **On the street** | 97
　　　　　　택시 타기 | 98
　　　　　　기차 타기 | 102
　　　　　　버스 타기 | 106

Chapter 7 **Go shopping** | 111
　　　　　　매장 찾기 | 112
　　　　　　구매하기 | 116
　　　　　　교환하기 | 120

Chapter 8 **Return home** | 125
　　　　　　분실 | 126
　　　　　　예약·재확인 | 130
　　　　　　귀국하기 | 134

PART 2 　어디서나 유용한 영어표현모음

기내에서 | 140
공항에서 | 146
호텔에서 | 154
관광지에서 | 160
식당에서 | 168
거리에서 | 176
쇼핑하기 | 180
귀국하기 | 184

PART 3 　알아두면 힘이 되는 기본표현모음

인사 | 192
질문 | 194
감사 | 198
허락 | 200
사과 | 202
시간 | 204
예약·거절 | 206
긴급상황 | 208

즐거운 여행을 위한
Best 5 Information

BEST 1

필요한 것만 가져간다

여권·항공권
늘 소지하고 다녀야 하는 여권은 항상 착용하고 다니는 작은 가방을 준비하여 넣어 갑니다. 분실을 대비해서 여분으로 꼭 여권과 항공권을 미리 복사해서 큰 가방에 넣어 둡니다.

옷과 신발
해외여행을 떠날 때는 항상 여행지의 기후를 미리 알아본 후 옷을 준비해야 합니다. 그리고 더운 나라라 할지라도 긴소매 옷을 하나쯤 챙겨가면 호텔의 에어컨이나 갑자기 추워지는 날씨에 대비할 수 있습니다. 현지에서 쇼핑을 할 예정이라면 짐이 늘어날 것을 고려해서 가방을 싸는 것이 필요합니다.
특히 윗도리는 사이즈가 달라도 입을 수 있지만 바지는 가격이나 사이즈에 맞춰 쇼핑하기 쉽지 않으므로 여벌을 더 준비해 가는 것이 좋습니다.
신발은 익숙해져 걷기 편한 것으로 신고 가고, 슬리퍼는 긴 비행일 경우 기내에서도 활용할 수 있는 걸로 준비합니다.

화장품과 세면도구
호텔에 숙박하게 되면 대부분 준비가 되어 있지만 호텔마다 기본으로 비치된 사항이 다르므로 기본적인 것은 준비해 가는 것이 좋습니다. 이때 짐의 부피나 무게를 고려해 되도록 현지에서 쓰고 나서 버리고 올 수 있는 일회용품으로 준비합니다.

여행에 필요한 것들을 꼼꼼히 체크하고 빠짐없이 준비해서 현지에서 낭패를 보는 일이 없도록 합시다. 꼭 가져가야 하는 것과 쓸데없이 가방만 무거워지는 물건을 구분해서 알차게 짐을 싸는 것이 좋습니다.

구급약

현지에서 몸이 좋지 않아 여행을 망치는 경우가 종종 있습니다. 소화제, 설사약, 두통약, 일회용 밴드 등은 기본으로 챙겨가고 알레르기가 있는 사람은 알레르기약을 꼭 챙깁니다.

시계

현지 시간으로 맞추어 둔 시계는 어디를 가도 필수품입니다. 해외 여행을 다니다 보면 의외로 시계를 가져오지 않아 현지에서 구입하는 사람들이 많으니 꼭 챙기세요.

현지 시간으로 맞춘 시계를 꼭 챙겨가야 한다.

음식

이왕이면 여행에서 현지식을 먹는 것이 새로운 경험이라 좋겠지만 그래도 어쩔 수 없이 한국음식이 생각나는 때가 있습니다. 이럴 때 컵라면이나 김, 튜브식 고추장 등을 가져가면 큰 도움이 됩니다.
그리고 해외에서는 커피믹스를 구하기가 쉽지 않으니 커피를 즐겨 드신다면 꼭 챙겨가세요. 이 외에 껌이나 간단한 부식은 챙겨가도 좋습니다.
하지만 부피가 크고 무거운 음식은 가져가면 모두 짐만 됩니다. 그리고 외국인은 대부분 마른 오징어 냄새를 질색하므로 해외에서만은 삼가는 것이 좋겠죠?

즐거운 여행을 위한
Best 5 Information

해외여행을 다니다 보면 바디랭귀지와 영어를 사용하는 경우가 많지만, 간단한 현지어를 섞어 사용하게 되면 현지인에게 호감을 주어 더 친절한 대우를 받을 수도 있습니다. 각 나라별 기본적인 인사 몇 가지만 알아볼까요?

BEST 2
항상 기분 좋게 인사한다

안녕하세요.

영어	Hello. / Good morning.	헬로/굿모닝
일본어	Goniziwa.	곤니찌와
중국어	nin hao./ni hao.	닌 하오/니 하오
필리핀어	Kumusta ka?	꾸무스따 까?
베트남어	Xin chao!	씬짜오
프랑스어	Bon Jour.	봉 주르
이탈리아어	Buon Giorno.	부온 조르노
독일어	Guten Tag.	구텐 탁
스페인어	Hola. / Buenos dias.	올라/부에노스 디아스

고맙습니다.

영어	Thank you	땡큐
일본어	Arigato.	아리가또
중국어	Xie Xie.	쎄쎄
필리핀어	Salamat.	살라맛
베트남어	Cam on.	까먼

어설프게 들리더라도 외국인이 우리말로 '안녕하세요?', '감사합니다'라고 말하는 것을 듣게 되면 마음이 편해지고 기분이 좋아집니다. 마찬가지로 간단한 현지어를 알아두는 것은 여행에 큰 도움이 됩니다.

프랑스어	Merci.	메르시
이탈리아어	Grazie.	그라찌에
독일어	Danke.	당케
스페인어	Gracias.	그라시아스

안녕히 가세요.

영어	Good bye.	굿바이
일본어	Sayonara.	사요나라
중국어	Zaijian.	짜이지엔
필리핀어	Paálam	팔람
베트남어	Tam biet	땀 비엣
프랑스어	Au revoir.	오 르봐흐
이탈리아어	Arrivederci.	아르베데르치
독일어	Auf Wiedersehen.	아우프 비더제엔.
스페인어	Adíos.	아디오스

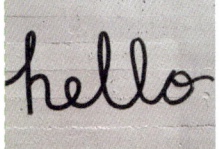

간단한 현지어로 인사를 하면 현지인에게 호감을 주어 더 친절한 대우를 받을 수 있다.

즐거운 여행을 위한
Best 5 Information

BEST 3
기본적인 매너를 익혀 두자

비행기에서

- 탑승권에 명기된 좌석에 앉아야 하며 자리 이동은 이륙 후에 합니다.
- 이·착륙 시에는 반드시 의자를 똑바로 세우고 안전벨트를 매도록 합니다.
- 비행기에서 좌석 등받이를 뒤로 눕히기 전에는 반드시 뒷사람의 상태를 확인합니다.
- 큰 소리로 떠들지 않습니다. 기내는 좌석 간격이 넓지 않아 주위에 큰 피해가 됩니다.
- 「Fasten Your Seatbelt」 혹은 안전벨트 그림에 불이 들어올 경우 안전벨트를 매고 자리에 앉아 있으며 이때는 돌아다니지 않습니다.
- 기내에서 양말까지 벗고 있는 것은 큰 실례입니다.
- 간혹 기내에서 술에 취해 인사불성이 되는 사람이 있습니다. 기내에서 지나친 음주는 삼가는 것이 좋습니다.

호텔에서

- 호텔 식당을 이용할 때는 외출시와 마찬가지로 단정한 차림을 하도록 합니다. 또한 로비, 실내, 식당, 엘리베이터에서는 모자를 벗는 것이 예의입니다.
- 호텔 내에서 빨래는 금지 사항! 세탁을 원할 때에는 직접 하지 말고 양복장 안에 비치된 빨래 주머니에 전표와 방 번호, 품명을 적어서 당번에게 부탁하도록 합니다.
- 우리에게는 익숙하지 않지만 해외에서 팁은 필수인 경우가 많습니다. 베개나 테이블 위에 1~2달러 정도를 놓아두고 외출

국내에서 매너가 없으면 그나마 개인 망신, 집안 망신이지만 해외여행에서 매너가 없으면 국가 망신입니다. 특히 사람이 많은 공공장소나 특정한 장소에서는 모두를 위해 기본예절을 꼭 지킵시다.

하면 됩니다.

- 체크인이 늦어질 경우에는 사전에 연락해두고, 체크아웃은 오전 11시에서 정오 사이에 해야 합니다. 시간을 초과하면 요금을 더 내는 경우가 있으므로 주의합니다.
- 잠옷이나 슬리퍼 차림으로 객실 밖으로 나가지 않습니다. 그리고 반드시 신발을 신고 나가도록 합니다.
- 복도, 로비, 레스토랑 등 공공장소에서 큰 소리로 떠드는 것은 금물입니다. 특히 로비는 여러 나라 사람들이 모이는 곳이므로 조심합니다.
- 객실에서 라면 등 취사는 금지되어 있습니다. 그리고 객실에 여러 사람이 모여 화투나 카드 놀이 등은 하지 않도록 합니다.
- 사용한 침대는 대충이라도 정리해 두는 것이 예의입니다.
- 욕조를 사용할 때는 커튼을 욕조 안쪽으로 넣은 상태로 쳐서 물이 밖으로 튀지 않도록 합니다. 외국 호텔의 욕실에는 물이 빠지는 하수구가 아예 없는 곳이 많으므로 주의해야 합니다.

위와 같이 안전벨트 그림에 불이 들어오면 안전벨트를 매고 자리에 착석한다.

식당에서

- 고급 식당이나 호텔 식당 등의 고급 음식점에 출입할 때에는 복장에 주의하도록 하고 꼭 웨이터의 안내를 받아 자리에 앉도록 합니다.
- 웨이터를 부를 때 큰소리로 부르지 말고 조용히 손을 듭니다.
- 포크나 나이프를 떨어뜨렸을 경우에는 스스로 집지 말고 웨이터에게 얘기해서 새로 가져다 주는 것을 쓰도록 합니다.
- 식사 중에 담배는 피우지 않는 것이 예의이며, 이후에도 재떨이가 없는 경우에는 피우지 않는 것이 좋습니다.

웨이터를 부를 때 큰소리로 부르지 말고 조용히 손을 든다.

즐거운 여행을 위한
Best 5 Information

BEST 4
알아두면 즐거워지는 여행 팁

▶ 해외여행을 떠날 땐 적어도 출발하기 2시간 전에는 공항에 도착하는 것이 좋습니다. 급하게 서두르다 보면 놓치는 것도 많고 돌발상황에 대처할 시간이 부족하거든요.

▶ 해외에 가면 Thank you, Excuse me와 같은 표현을 자주 사용하세요. 해외에서는 사소한 일에도 고맙다는 표현을 자주 하는 것을 듣게 됩니다. 좋은 말이니 우리도 되도록 많이 써 주는 게 좋겠죠?
그리고 상대방과 몸이 부딪히거나 다른 사람의 발을 밟으면 혼잡한 곳에서라도 반드시 사과를 해야 합니다. 해외에서는 몸이 부딪히는 것을 상당한 결례로 인식합니다.

▶ 외국인이 우리나라 말을 잘 알아듣지 못한다고 해서 함부로 말을 하지 않도록 합니다. 비록 말은 잘 알아듣지 못하지만 나쁜 말을 하면 그들도 표정이나 행동으로 느끼게 됩니다. 어느 곳에서든 욕설은 하는 사람이나 듣는 사람이나 기분을 상하게 하니 조심해야겠죠?

▶ 박물관이나 전시회 등에서 함부로 사진을 찍지 마세요. 특히 촬영 금지 구역에서는 촬영하거나 작품에 손을 대면 안 됩니다. 주변에 주의사항을 눈여겨보고 촬영이 가능한 곳에서만 사진기나 캠코더를 사용하세요.
상점에서 물건을 살 때 역시 눈으로만 보고 만지지 않는 것이 좋습니다.

▶ 해외에서도 한국에서처럼 '빨리 빨리!'를 외치는 분들의 많습니다. 대부분의 국가에서는 우리와 달리 서두르기보다는

'로마에 가면 로마법을 따르라.'라는 말처럼 외국에 여행 가서는 그들의 문화를 그대로 받아들이고 즐기려는 자세가 필요합니다. 즐거운 여행은 모두 스스로 마음먹기에 달려 있다는 것을 잊지 마세요.

느긋함과 양보하는 시민의식이 보편화 되어 있습니다. 조금 더 느긋해지면 그만큼 여행이 즐거워집니다.

▶ 식당에 들어갈 때는 먼저 종업원의 안내를 받은 후에 들어가는 것이 기본 에티켓입니다.
자리에 앉아 종업원을 부를 때도 큰소리로 부르지 말고 가만히 손을 들어 주세요. 지나가는 직원에게 가볍게 'Excuse me'라고 얘기를 건네도 좋습니다.
친절한 손님에게 더 많은 서비스가 돌아오는 법입니다.

▶ 기침이나 재채기가 나오려 하면 손수건 또는 냅킨으로 코와 입을 먼저 가립니다. 트림이나 식사 후 이쑤시개를 사용하는 것은 상대에게 불쾌감을 줄 수 있으므로 삼가도록 합니다.

▶ 해당 나라를 여행할 때는 그 나라만의 매력을 찾아 마음껏 즐길 수 있는 마음가짐이 중요합니다. '예전 어느 나라는 이래서 좋았는데 여기는 이래서 불만이야' 라며 비교하는 부정적인 생각들은 즐거운 여행의 마이너스 요인일 뿐입니다.

바르셀로나의 보케리아 시장
재래 시장을 구경하면 그 나라의 문화와 생활을 아주 가까이서 느낄 수 있다.

즐거운 여행을 위한
Best 5 Information

BEST 5

각 나라의 대표음식을 먹어 보자

영국

로스트 비프(Roast Beef)
로스트 비프는 그나마 특별히 대표할 만한 특징적인 요리가 없는 영국을 대표하는 요리입니다. 기름기 있는 소의 살코기를 덩어리째로 오븐에 구워 소스를 곁들여 먹습니다.

피시 앤 칩스(Fish & Chips)
생선살을 밀가루 반죽이나 빵가루에 묻혀 기름에 튀겨 낸 음식으로, 식초·소금을 뿌려 먹는 감자칩과 함께 나옵니다. 보통 타르타르 소스나 레몬을 뿌려 먹습니다.

스모크트 새먼(Smoked Salmon)
스코틀랜드 본고장의 훈제연어요리입니다. 요리를 시킬 때 스코틀랜드산이라고 해야 맛과 향이 좋은 연어가 나옵니다.

프랑스

에스카르고(Escargot)
달팽이 껍질 속에 데친 달팽이 살을 넣고, 마늘과 파슬리로 향을 낸 버터를 듬뿍 넣어 오븐에 구운 요리입니다.

푸아그라(Foie gras)
푸아그라는 프랑스어로 살찐 간을 뜻합니다. 거위나 오리를 몇 개월 동안 어두운 우리 속에 가두어 운동을 못하게 하고 사료를 과다하게 주면 간경화를 일으켜 간이 비정상적으로 커지게 되는데 이것으로 만든 것이 푸아그라입니다.

그대로 오븐이나 그릴에 구워 먹기도 하고, 와인 등에 재워두었다가 구워 먹기도 합니다.

송로버섯 요리

송로버섯(truffle)은 땅 속에 자라는데, 사람들이 찾을 수가 없어서 돼지를 이용해서 찾는다고 합니다. 세계 최고의 맛있는 버섯으로 꼽히며, 가격이 비싸서 트러플의 단독 요리는 거의 존재하지 않고 보통 소량을 단순한 요리에 넣어서 먹습니다.
흑버섯은 푸아그라와 잘 어울리며 수프, 송아지 고기 요리, 바닷가재 요리 등에 사용됩니다.

로스트 피프 소의 살코기를 덩어리째 오븐에 구운 음식

물르 오 뱅 블랑(Moules auvinblanc)

'유럽식 홍합탕'이라고 할 수 있는 물르는 홍합(moules)을 와인, 마늘, 양파 등과 함께 넣고 삶은 요리입니다.

물르 오 뱅 블랑 유럽식 홍합탕. 빈 껍데기로 다른 홍합을 집어 먹으면 먹기 편하다.

이탈리아

파스타(Pasta)

'이탈리아의 국수'라고 할 수 있는 파스타는 밀가루로 만드는 이탈리아의 대표적인 요리입니다. 재료나 요리 방법, 형태 등에 따라 이름이 달라지는데 그 종류만도 100여 가지가 넘습니다.

젤라또(Gelato)

이탈리아어로 아이스크림을 젤라또라고 하는데 그날 만들어 그날 판매하기 때문에 한 번의 냉동도 이뤄지지 않아 쫀득하고 부드러운 맛을 느낄 수 있습니다.

터키

케밥(Kebab)

케밥은 '굽는다'라는 뜻으로 구운 고기를 말하는데 종류가 300가지도 넘습니다. 또띠아나 두꺼운 빵을 반으로 갈라서 구운 쇠고기나 닭고기를 얇게 썰어 양상추, 토마토, 양파, 베이컨 등을 넣어 속을 채웁니다. 그리고 향신료가 가미된 매콤한 소스와 마요네즈 같은 드레싱을 넣어서 먹습니다.

케밥 빵을 갈라 구운 고기와 야채를 넣은 음식

스위스

퐁뒤(Fondue)

스위스에서 가장 대표적인 음식은 치즈입니다. 특히 냄비에 끓어오르는 치즈를 빵에 발라 먹는 퐁뒤가 대표적인데, 찍어 먹는 소스나 대상에 따라 치즈 퐁뒤, 오일 퐁뒤, 초콜릿 퐁뒤, 버섯 퐁뒤, 치킨 퐁뒤 등으로 종류가 다양합니다.

독일

맥주와 소시지

독일 사람들은 물이 부족해서 맥주를 즐겨 마셨습니다. 독일 맥주는 순수성으로 유명한데 맥주에 호프·물·보리의 순수 자연 원료 외에 방부제 같은 화학처리를 할 수 없도록 하고 있습니다. 독일에서는 소시지를 뷔르스트(Wurst)라고 합니다. 주 재료나 지방명에 따라 다양한 이름으로 분류되는데, 프랑크푸르트의 명물인 프랑크 소시지 역시 돼지의 붉은 살코기에 파슬리 등을 넣어 손가락 모양으로 만든 뷔르스트의 한 종류입니다.

뷔르스트 다양한 소세지들. 실제로 독일인들은 점심이나 저녁으로 간단하게 소시지와 빵, 맥주를 함께 먹는다.

자우어크라우트(Saukraut)

양배추를 채썰어 식초에 담궈 발효시킨 후 캐러웨이 같은 향신료를 섞은 것으로 약간 시큼한 맛이 납니다.
샐러드 대용으로 먹는 요리로 우리의 김치처럼 독일의 식탁에서 빠지지 않습니다.

슈바인스학세(Schweinshaxe)

독일식 족발 요리로 소금에 절인 돼지 뒷다리살을 맥주에 삶은 요리입니다. 부드럽고 냄새가 나지 않으며 보통 자우어크라우트와 감자 요리가 딸려나옵니다. 혼자 먹기에는 양이 많아 두세 명이 맥주 안주로 시켜 먹는 것이 적당합니다.

슈바인스학세 소금에 절인 돼지 뒷다리살을 맥주에 삶은 요리

베트남

퍼(Pho)

퍼는 뜨거운 쌀국수 정도로 생각하면 됩니다. 국물은 뼈다귀를 우려낸 것으로, 넣는 고기의 종류에 따라 쇠고기를 넣으면 퍼보(Pho bo), 닭고기를 넣으면 퍼가(Pho ga)가 됩니다.
취향에 따라 야채(상추, 숙주나물 등)와 레몬즙, 고추 혹은 고추 소스, 달걀을 곁들여서 먹습니다.

퍼보 뜨거운 국물에 쇠고기와 쌀국수를 넣은 음식

고이 꾸온(Goi Cuon)

고이 꾸온은 흔히 말하는 월남쌈입니다. 쌀로 만든 얇은 라이스 페이퍼(Rice Paper)에 야채와 고기 등 여러 가지 재료를 김밥처럼 말아서 소스에 찍어 먹는 간편한 음식입니다.

고이 응오 센(Goi Ngo Sen)

베트남식 샐러드로 매콤하면서 신맛이 납니다. 새우, 고기, 야채, 연꽃줄기, 레몬글라스 등을 버무려 땅콩을 얹은 것입니다.

중국

광둥 요리

이 요리는 강한 불에서 단시간 요리하여 천연의 맛을 살린 것이 특징입니다. 간을 싱겁게 하고 기름을 적게 써서 맛이 담백하며 최대한 자연스런 맛을 살려 날것의 풍미를 느낄 수 있습니다.
우리가 자주 먹는 탕수육이나 고기, 야채 등으로 만든 딤섬도 광둥 요리 중 하나입니다.

북경 요리

중국의 수도 북경은 한랭한 기후로 추위를 견디기 위한 튀김 요리와 볶음 요리가 발달했습니다. 중국 요리 중에서 가장 잘 알려진 북경오리 요리는 파, 오이 등을 소스와 얇은 고기에 곁들여 먹는 것으로 맛이 일품입니다.
그 외에 권할 만한 요리로는 밀로 만든 만두, 파를 곁들인 새끼 양요리 등이 있습니다.

상하이 요리

겨울에 적합한 상하이 요리는 광둥 요리보다 녹말가루를 많이 사용하는 것이 특징이며, 이 요리는 몸을 '덥게' 해줍니다.
상해는 비교적 바다와 가까워 해산물을 이용한 요리가 많은데 생선과 새우를 이용한 요리와 와인에 마늘을 넣어 만든 장어 요리가 대표적이며 찐 고기 만두, 수진사사귀더푸우(두부를 이용한 요리), 화주안(꽃빵) 등이 유명합니다.

딤섬 우리의 만두와 비슷하며, 넣는 속 재료와 모양에 따라 다양한 종류가 있다.

사천 요리

내륙에 위치하고 있고, 여름이 무척 덥기 때문에 향신료를 많이 넣으며, 소금절이, 건조시킨 저장식품이 발달되어 있습니다. 중국 요리 중에서 양념을 가장 많이 하는 것이 특징으로 고춧가루, 후춧가루, 생강 등의 조미료를 사용하기 때문에 맵고, 향이 강합니다. 두부와 돼지고기 요리가 유명하며, 대표 요리로는 마파두부, 깐쇼새우 등이 있습니다.

일본

스시

일본은 예로부터 사면이 바다로 둘러 싸인 섬나라이다 보니 주식으로 생선을 많이 이용해 왔습니다. 초밥은 밥에 식초를 넣은 것을 주재료로 하는 일본 요리입니다.

텐동 밥 위에 새우나 야채를 튀겨서 얹어 먹는다.

낫토

삶은 콩에 낫토균을 넣어 발효시킨 일본전통 음식입니다.

텐동·규동

텐동(Tendon)은 텐푸라 돈부리의 약자로, 밥 위에 새우나 야채를 튀겨 얹고 타레(간장, 설탕, 맛술 등의 소스)를 부어 먹습니다. 규동(Gyudon)은 쇠고기와 양파를 간장과 설탕으로 조리한 후 밥 위에 올려먹는 요리로 일본 어디서나 쉽게 맛볼 수 있습니다.

멕시코

타코

옥수수 가루로 만든 납작하고 얇은 빵(또띠아) 위에 고기와 야채, 치즈 등을 올린 후 소스를 얹어서 먹는 음식입니다. 또띠아의 응용 범위는 상당히 넓어서 많은 요리를 만들 수 있습니다.

브라질

츄라스코

브라질 제1의 음식입니다. 1m나 되는 긴 쇠로 만든 꼬치에 다양한 종류의 고기, 또 고기의 다양한 부위를 꽂아서 숯불에 돌려가며 서서히 구워낸 것으로 토마토 소스와 양파 소스를 곁들여 먹습니다. 결혼식이나 생일 등의 행사에 빠지면 안 되는 요리로 맛이 담백하고 고소합니다.

츄라스코 긴 쇠꼬치에 다양한 종류의 고기를 꽂아 숯불에서 구워낸 담백한 음식

캐나다

해산물 요리

캐나다는 세계 5대 어류와 해산물 수출국인 만큼 해산물 요리의 천국이며 이들 요리가 매우 발달해 있습니다. 훈제연어, 연어구이, 랍스터 요리가 대표적이며 그 중에서도 랍스터 요리는 전 세계적으로 유명합니다.

연어구이 해산물 요리의 천국 캐나다의 유명한 연어구이

PART 1

자신만만 황 사장의 **영어 여행기**

CHAPTER 1

On the plane

기내에서 | 기내 좌석, 기내식, 기내 서비스

On the plane

기내 좌석

손꼽아 기다리던 해외여행 떠나는 날, 인천공항에 일찍 도착한 황 사장은 여유롭게 출국수속을 마치고 비행기에 오릅니다. 해외여행에 대한 기대감으로 황 사장 가슴은 콩닥거리는데 비행기에 오르자 예쁜 승무원이 말을 건넵니다.

승무원 **May I see your boarding pass, please?**
탑승권을 보여주시겠습니까?

아하, 탑승권을 보여 달라는군요. 뭐라고 대답하는 것이 좋을까요? '여기 있습니다' 라고 해야겠죠? 한번 말해 볼까요?

❶ 여기 있습니다.

덧붙여, 자리가 어디인지 물어볼까요?

❷ 제 좌석은 어디에요?

탑승권을 본 승무원이 친절하게 대답합니다.

승무원 **Take the aisle to the right.**
통로 오른쪽으로 가십시오.

고맙다고 해야겠죠? 자, 말해보세요.

❸ 고맙습니다.

자리로 가는데 통로에서 누군가 짐을 올리고 있네요. 조금 기다렸지만 어째 좀 오래 걸릴 것 같아서 먼저 지나가고 싶습니다. 황 사장, 용기내어 말을 합니다.

❹ 지나가도 될까요?   👄 go through 지나가다, 통과하다

외국인 **Oh, sure.**
아, 그럼요.

자리에 갔더니 다른 외국인이 앉아 있네요. 창가 자리인데 양보할 수 없겠죠? 비켜달라고 해 볼까요? 물론 친절하게 시작은 Excuse me ~로 해 주세요.

❺ 죄송하지만 여긴 제자리인 것 같은데요.   👄 Excuse me, but ~

외국인이 표를 살피더니 죄송하다고 하면서 자리를 비켜주네요. 넉넉한 웃음 한 번 지어주고 짐을 올립니다. 자, 드디어 자리에 앉은 황 사장, 조용히 앉아서 비행기가 이륙하길 기다립니다.

❶ Here you go. ❷ Where is my seat? ❸ Thank you.
❹ May I go through? ❺ Excuse me, but I think this is my seat.

황 사장의 정리노트

탑승권을 보여주시겠습니까?
May I see your boarding pass, please?

- Boarding pass, please?
  탑승권을 보여주세요.

통로 오른쪽으로 가십시오.
Take the aisle to the right.

- In this aisle.
  이쪽 통로입니다.
- Walk down this aisle.
  이 통로로 쭉 가세요.

제 좌석은 어디에요?
Where is my seat?

- Can you direct me to my seat, please?
  제 좌석을 좀 가르쳐 주시겠어요?

지나가도 될까요?
May I go through?

- May I get by, please?
  지나가도 될까요?

죄송하지만 여긴 제 자리인 것 같은데요.
Excuse me, but I think this is my seat.

- Excuse me, I'm afraid you're in my seat.
  실례지만 제 자리에 앉아계신 것 같은데요.
- I believe the window seat is mine.
  창가 좌석이 제 자리인 것 같습니다.

Travel words

여권 passport	1등석 first class
비자 visa	일반석 economy class
탑승권 boarding pass	비즈니스석 business class
좌석 seat	승무원 flight attendant
통로 aisle	객실 승무원 cabin crew
기장 captain	스튜어디스 stewardess
출구 exit	비상출구 emergency exit
화장실 lavatory	창가 쪽 좌석 window seat
안전벨트 seat belt	통로 쪽 좌석 aisle seat
식사 테이블 tray table	독서등 reading lamp[light]
에어컨 air-conditioner	머리 위 짐칸 overhead compartment[bin]
구명 조끼 life vest	산소 마스크 oxygen mask

필수패턴

May I {
go through? 지나가도 될까요?
see your ticket? 표를 좀 볼까요?
help you? 도와드릴까요?
have a glass of milk? 우유 한 잔 주시겠어요?
have seconds on my soda? 소다 한 잔 더 주시겠어요?
have one more blanket? 담요 한 장 더 주시겠어요?
}

▶ 내가 뭔가를 하거나 얻고자 할 때 상대방의 허락을 구하는 표현입니다.

On the plane

기내식

일찍 나온 탓에 배가 고팠던 황 사장이 목이 빠지게 기다리던 기내식 시간이 다가왔습니다. 그동안 갈고 닦았던 영어 실력을 보여주고 싶은 황 사장, 메뉴를 잘 고를 수 있을까요?

승무원　**Would you like chicken or beef?**
　　　　닭고기와 쇠고기 중 어떤 걸로 드릴까요?

배가 고픈 황 사장, 치킨도 먹고 싶고 쇠고기도 먹고 싶지만 일단 치킨을 먹기로 합니다. 먹고 싶은 음식에 please만 붙이면 되겠죠?

❶ 치킨 주세요.

승무원　**What would you like to drink?**
　　　　음료는 무엇으로 하시겠습니까?

사과 주스를 먹고 싶은데 얼핏 보니 보이지가 않는군요. 그냥 포기하고 오렌지 주스를 시킵니다.

❷ 오렌지 주스 주세요.

나름 다양한 음식을 즐기는 황 사장도 기내식이 어째 느끼하고 입맛에 맞지가 않네요. 이럴 때는 고추장이 있으면 좋겠다 싶은 생각이 굴뚝같은데 아니나 다를까 같이 여행하는 일행들이 눈짓을 보냅니다. 용감한 우리의 황 사장, 대표로 고추장을 달라고 말해 봅니다.

❸ 고추장 있나요?   😋 Do you have ~

승무원   **Yes, here you go.**
네, 여기 있습니다.

역시 한국인에게는 고추장이 최고, 고추장 덕분에 맛있어진 기내식을 모두 먹으니 시원한 맥주 생각이 나네요. 고추장도 시켰는데 맥주 시키는 것쯤이야 누워서 떡 먹기죠. 기내식이 끝나고 잠시 후 면세 쇼핑 시간이 왔습니다.

승무원   **Would you like any duty free items?**
면세품 사시겠습니까?

황 사장, 미리 봐두었던 향수를 사기로 합니다.

❹ 네, 이 향수 주세요.

승무원   **Here you are. Forty-two dollars, please.**
여기 있습니다. 42달러입니다.

미리 환전해 둔 돈으로 42달러를 계산합니다.

❶ Chicken, please.   ❷ Orange juice, please.
❸ Do you have red pepper paste?   ❹ Yes, I'd like this perfume.

황 사장의 정리노트

닭고기와 쇠고기 중 어떤 걸로 드릴까요?
Would you like chicken or beef?

- Chicken or beef?

음료는 무엇으로 하시겠습니까?
What would you like to drink?

- Can I get you a drink?
  마실 것 드릴까요?

면세품 사시겠습니까?
Would you like any duty free items?

- duty-free items(goods) 면세품
  duty-free shop 면세점

치킨 주세요.
Chicken, please.

- Orange juice, please.
  오렌지 주스 주세요.

고추장 있나요?
Do you have red pepper paste?

- red pepper paste, Korean hot pepper paste, Gochujang 고추장

향수 주세요.
I'd like this perfume.

- a bottle of perfume 향수 한 병
  a bottle of wine 포도주 한 병
  a packet(pack) of cigarettes 담배 한 갑

Travel words

기내식 in-flight meal	닭고기 chicken
쇠고기 beef	돼지고기 pork
고추장 red pepper paste	땅콩 한 봉지 bag of peanuts
핫소스 hot sauce	면세 상품 duty-free goods[items]
담배 cigarette	면세품 목록 duty-free catalogue
술 alcohol	화장품 cosmetics
향수 perfume	목걸이 necklace
레드 와인 red wine	화이트 와인 white wine

필수패턴

Do you have {
  red pepper paste? 고추장 있나요?
  orange juice? 오렌지 주스 있나요?
  water? 물 있나요?
  red wine? 레드 와인 있나요?
  disposable razors? 일회용 면도기 있나요?
  beer? 맥주 있나요?
}

▶ 기내에서 승무원에게 무언가를 요청할 때 사용할 수 있는 표현입니다. 잘 익혀서 필요한 것이 있을 때마다 말해 보세요.

On the plane

기내 서비스

편안히 잠을 청하려던 황 사장, 기내식을 먹고 맥주까지 마셔서인지 갑자기 속이 울렁거리네요. 비행기 멀미가 시작된 듯합니다. 마침 지나가던 승무원이 황 사장의 안색을 살피더니 말을 건넵니다.

승무원 **What's the matter? You look pale.**
무슨 일이죠? 얼굴이 창백해 보이세요.

승무원에게 몸이 좋지 않다고 말해 봅니다.

❶ 몸이 좋지 않습니다.

승무원 **Why don't you pull down your seat? Let me help you.**
의자를 뒤로 젖히시면 어떨까요? 제가 도와드리겠습니다.

의자를 뒤로 젖히고 나니 자리가 조금 편해지긴 했지만, 비행기 멀미인 듯 구토가 자꾸 나는데, 증상을 얘기해야겠죠?

❷ 토할 것 같습니다.  I feel like ~

침착하게 승무원이 멀미약과 봉투를 가져다줍니다. 아무리 아파도 고맙다는 말을 빠트리면 안 되겠죠? Thank you!로 감사를 표시하고 난 후 가져다준 약을 먹으니 조금 속이 편해진 황 사장, 잠을 청해 봅니다. 그런데 좀 서늘하군요. 담요를 달라고 해 볼까요?

❸ 담요 좀 주실래요? 　Could I ~

따뜻한 담요를 덮고 한숨 자고 나니 몸이 가뿐해진 황 사장, 시계를 보니 아직도 도착하려면 먼 것 같군요. 언제 도착할지 승무원에게 물어봐야겠어요.

❹ 언제 파리에 도착합니까?

승무원　**We'll arrive at 10:00 a.m. local time.**
　　　　현지 시각으로 오전 10시에 도착합니다.

이런, 앞으로 1시간 이상을 가야 파리에 도착하겠네요. 좁은 좌석과 오랜 비행에 지친 황 사장, 신문이라도 봐야지 싶어서 승무원에게 한국 신문이 있는지 물어봅니다.

❺ 한국어 신문은 있습니까?

다행히 신문을 구할 수 있어서 한 페이지 한 페이지 읽다 보니, 시간이 후딱 지나고 좌석벨트를 매라는 사인이 들어옵니다.

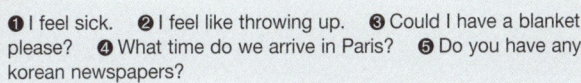

❶ I feel sick.　❷ I feel like throwing up.　❸ Could I have a blanket, please?　❹ What time do we arrive in Paris?　❺ Do you have any korean newspapers?

황 사장의 정리노트

 들은 표현

 말한 표현

무슨 일이죠?
What's the matter?
- What's the problem?

속이 좋지 않네요.
I feel sick.
- I feel nauseated.
- I don't feel good.

의자를 뒤로 젖히시면 어떨까요?
Why don't you pull down your seat?
- pull down a blind 블라인드를 내리다
- pull down a house 집을 헐다
- pull down a shutter 셔터를 내리다

토할 것 같습니다.
I feel like throwing up.
- I feel like vomiting.
- I think I'm going to throw up.

현지 시각으로 오전 10시에 도착합니다.
We'll arrive at 10:00 a.m. local time.
- The flight will arrive at 10:00 a.m. local time.

담요 좀 주실래요?
Could I have a blanket, please?
- Could you give me a game cards, please?
  게임카드 좀 주실래요?

Travel words

헤드폰 headset
이어폰 earphones
신문 newspaper
잡지 magazine
비어 있음 VACANT
금연 NO SMOKING
좌석 아래 구명조끼가 있음 LIFE VEST UNDER YOUR SEAT

멀미 airsickness/motion sickness
멀미 봉투 airsickness bag
화장실 사용 중 OCCUPIED
좌석벨트 착용 FASTEN BELT
쓰레기통 TOWEL DISPOSAL
호출 버튼 CALL BUTTON

필수패턴

Could I have {
a blanket, please? 담요 좀 주실래요?
a pillow, please? 베개 좀 주실래요?
a blindfold, please? 눈가리개 좀 주실래요?
a aspirin, please? 아스피린 좀 주실래요?
a toothpaste, please? 치약 좀 주실래요?

▶ Do you have ~와 같이 필요할 것을 요청할 때 사용할 수 있는 표현입니다.
Can I get ~을 사용해도 좋습니다.

On the plane

TOP 5 EXPRESSIONS

1. 제 좌석은 어디에요?

2. 지나가도 될까요?

3. 고추장 있나요?

4. 이 향수 주세요.

5. 속이 좋지 않네요.

❶ Where is my seat? ❷ May I go through? ❸ Do you have red pepper paste?
❹ I'd like this perfume. ❺ I feel sick.

CHAPTER 2
At the airport

공항에서 | 비행기 갈아타기, 입국 심사, 짐 찾기·세관 검사

At the airport

비행기 갈아타기

최종 목적지인 런던으로 가는 비행기를 갈아타기 위해서 파리의 공항에 내린 황 사장, 이곳저곳 사진을 찍으며 잠시 한눈판 사이 일행을 놓쳐 버렸네요. 공항에는 낯선 표지판과 외국인들이 가득하고 어떻게 해야 할지 막막합니다.

마음을 가다듬은 황 사장, 그동안의 영어실력을 토대로 직접 환승 비행기를 찾아 나서기로 합니다. 멀리 공항 직원이 보이자 한걸음에 달려가서 질문을 던집니다.

❶ 에어프랑스 항공 261편으로 갈아타려고 하는데요.   💋 I'm connecting to ~

공항 직원   **It's gate 9.**
9번 게이트입니다.

이런, 그냥 9번 게이트라고 하면 어디인 줄 알겠느냐고요. 다시 어디냐고 물어 봐야겠네요.

❷ 9번 게이트가 어디인데요?

공항 직원   **Go this way, please.**
이쪽으로 가세요.

고맙다는 인사를 한 후 공항 직원이 가리킨 방향으로 가는 도중 다시 길을 잃은 황 사장, 급한 대로 옆 외국인에게 묻습니다.

❸ 실례합니다. 환승하려면 어디로 가야 하나요?

외국인   **What is your final destination?**
최종 목적지가 어디신데요?

목적지를 묻는군요. 파리를 경유하여 런던에 가는 코스이니 런던으로 간다고 말해야겠죠?

❹ 런던으로 갑니다.

외국인   **Follow that sign, please.**
저 표시를 따라가세요.

얘기를 들으며 보니 멀리 일행이 보이네요. 고맙다는 인사도 제대로 못하고 황 사장 쏜살같이 따라가며 가슴을 쓸어내립니다.

❶ I'm connecting to AF 261.   ❷ Where is gate 9?   ❸ Excuse me, where do I make my connection?   ❹ I'm going to London.

황 사장의 정리노트

들은 표현

9번 게이트입니다.
It's gate 9.

- Please report to gate 9.
  9번 게이트로 모여주세요.

최종 목적지가 어디세요?
What is your final destination?

- Where's your final destination?

저 표시를 따라가세요.
Follow that sign, please.

- follow a person in[out]
  …을 따라들어가다[나가다]

말한 표현

에어프랑스 항공 261편으로 갈아타려고 하는데요.
I'm connecting to AF 261.

- a transfer station 갈아타는 역 / change to another bus 다른 버스로 갈아타다 / transfer from a bus to a subway 버스에서 지하철로 갈아타다 / change trains three times 기차를 세 번 갈아타다

9번 게이트가 어디인데요?
Where is gate 9?

- Is gate 10 nearby?
  10번 게이트가 여기서 가까운가요?

환승하려면 어디로 가야 하나요?
Where do I make my connection?

- Where do I have to change planes?

Travel words

승객 passenger
목적지 destination
대형 여행가방 luggage
환승 transfer
지연 delayed
국내선 domestic
국제선 international
출발 입구 departure gate

안내방송 announcement
연결, 갈아탐 connection
소형 여행가방 suitcase
휴대용 가방 carry-on bag
환승편 connecting flight
도착 입구 arrival gate
탑승 입구 boarding gate

필수패턴

Where do I {
make my connection? 환승하려면 어디로 가야 하나요?
go to catch my connection? 어디서 환승해야 하나요?
pick my luggage? 어디에서 짐을 찾습니까?
check in? 어디에서 체크인입니까?
sign? 어디에 서명합니까?
}

▶ 이용하는 비행기가 직항이 아닐 경우 환승을 해야 합니다. 게이트를 찾아가면 되지만 급할 경우 직원에게 물어보는 것이 좋습니다.

At the airport

입국 심사

외국 여행을 떠나면 누구나 거쳐야 하는 입국 심사대. 아무 잘못도 없는데 괜히 떨리고 긴장되는 순간입니다. 황 사장 차례가 되었군요. 여권과 항공권, 입국 카드를 심사관에게 제출하자 심사관이 살펴보고 질문합니다.

심사관 **What's the purpose of your visit?**
방문 목적이 무엇입니까?

방문 목적? 아들이 열 번도 넘게 연습시켰던 질문이군요. 황 사장, 의기양양하게 대답합니다.

❶ 관광입니다.   👄 I'm here for ~

심사관 **How long are you going to stay?**
얼마나 머물 예정입니까?

이것도 물론 준비했던 질문, 다시 한 번 큰 목소리로 대답하는 우리의 황 사장.

❷ 일주일 정도입니다.

심사관 **Where will you be staying?**
어디에서 묵으실 예정입니까?

다음 질문 역시 예상에서 벗어나질 않는군요.

❸ 쉐라톤 호텔에서요.

이제 별일 없겠지 싶던 차에 심사관이 웃으며 한마디 더 묻는군요.

심사관 **Is this your first flight?**
이번이 처음 비행기 여행입니까?

예상에서 벗어난 질문에 잠깐 당황한 우리의 황 사장, 다행히 first를 듣고 질문을 대충 짐작합니다.

❹ 아니요. 두 번째 여행입니다.   💋 second trip 두 번째 여행

심사관 **Have a great trip.**
좋은 여행 되세요.

심사관에게 좋은 여행 되라는 인사까지 듣고 기분이 더 좋아진 황 사장, Thank you~! 큰소리로 인사하고 여권을 받아서 나오네요.

❶ I'm here for sightseeing.   ❷ About one week.   ❸ At the Sheraton.
❹ No, This is my second trip.

황 사장의 정리노트

 들은 표현

방문 목적이 무엇입니까?
What's the purpose of your visit?
- What is the nature of your visit?

얼마나 머물 예정입니까?
How long are you going to stay?
- How long will you be staying?

어디에서 묵으실 예정입니까?
Where will you be staying?
- Where are you going to stay?

 말한 표현

관광입니다.
I'm here for sightseeing.
- I came here for sightseeing.
- I'm here to do some sightseeing.

일주일 정도요.
About one week.
- I'll be staying for about one week.

쉐라톤 호텔에서요.
At the Sheraton.
- I'll be staying at the Sheraton Hotel.

Travel words

입국 심사 immigration
거주자 resident
외국인 foreigner
목적 purpose
분실한 missing
손상된 damaged
주 week

입국신고서 disembarkation (landing) card
수하물 baggage
수하물 컨베이어 carousel
수하물 보관증 baggage claim tag
수하물 찾는 곳 baggage claim
카트 luggage carrier
달 month

필수패턴

I'm here { for sightseeing. 관광으로 왔습니다.
for traveling. 여행으로 왔습니다.
on business. 사업차 왔습니다.
on vacation. 휴가차 왔습니다.
to visit my relatives. 친척들을 방문하러 왔습니다.
to study. 공부하러 왔습니다.

▶ 입국 심사시 꼭 받게 되는 질문이 방문 목적입니다. 단지 여행을 위해 갔으므로 관광하러 왔다고 대답하세요. I'm here를 빼고 sightseeing이라고 해도 됩니다.

At the airport

짐 찾기 · 세관 검사

입국 심사대를 기분 좋게 통과하고 일행과 함께 짐을 찾으러 간 황 사장, 수하물 수취대를 찾기 위해 공항 모니터를 확인하다가 차라리 직원에게 묻는 것이 빠르겠다 싶어서 공항 직원을 찾습니다.

저기 공항 직원이 보이는군요. 가방을 어디서 찾느냐고 물어볼까요?

❶ 실례합니다. 제 가방을 어디서 찾을 수 있죠?

공항 직원 **What is your flight number?**
어느 비행기를 타고 오셨습니까?

비행기 갈아타면서 에어프랑스 항공 261편이라는 것은 외우고 있던 황 사장, 얼른 얘기합니다.

❷ AF 261편입니다.

공항 직원 **Carousel 5.**
5번 수화물 컨베이어입니다.

이런, 5번 컨베이어가 중요한 게 아니라 그 컨베이어가 어디에 있는지 묻는 거라고! 황 사장은 답답했지만 웃는 얼굴로 다시 한 번 묻습니다.

❸ 그것은 어디에 있습니까?

공항 직원 **The one after that one.**
저 컨베이어 뒤입니다.

아하, 저기 있구나. 일행과 같이 5번 컨베이어에 가서 기다리니 짐이 나오는 것이 보입니다. 수하물 수취대에서 짐을 찾아 카트에 싣고 세관 검사를 받습니다.

심사관 **Do you have anything to declare?**
신고할 물건이 있습니까?

일행들의 성화에 한국 음식을 조금 챙겨왔으니 말하는 게 좋겠죠? 한국 전통 음식이 있다고 하면 알아들을까요?

❹ 한국 전통 음식이 있습니다.   💋 traditional Korean food 한국 전통 음식

심사관 **Is this all you have?**
이것이 전부입니까?

전통 음식 말고 또 다른 것이 있었나? 잠시 고민했지만 걸릴 만한 것은 없네요. 대답 없이 머뭇거리고 있으니 심사관이 다시 묻습니다.

심사관 **Do you have any alcohol or cigarettes?**
술이나 담배를 가지고 있습니까?

NO! 라고 대답하고 가방을 가지고 나옵니다. 휴~, 세관 검사까지 무사히 끝냈으니 이제 해외에서 멋지게 시간을 보낼 일만 남았네요.

❶ Excuse me, where can I pick up my luggage?   ❷ It's AF 261.
❸ Where can I find it?   ❹ I have some traditional Korean food.

황 사장의 정리노트

 들은 표현

어느 비행기를 타고 오셨습니까?
What is your flight number?
- May I have your flight number?

5번 수화물 컨베이어입니다.
Carousel 5.
- a conveyer belt 컨베이어 벨트

신고할 물건이 있습니까?
Do you have anything to declare?
- Is there anything you would like to declare?

술이나 담배를 가지고 있습니까?
Do you have any alcohol or cigarettes?
- alcoholic drink, alcoholic beverage, alcohol 알코올 음료
  liquor spirits 독한 술

 말한 표현

실례합니다. 제 가방을 어디서 찾을 수 있죠?
Excuse me, where can I pick up my luggage?
- Can you tell me where I can pick up my luggage?

그것은 어디입니까?
Where can I find it?
- Where can I find a bank?
  은행을 어디서 찾을 수 있나요?
- Where can I find out about tourist attractions?
  어디에서 관광 명소에 대한 정보를 얻죠?

한국 전통 음식이 있습니다.
I have some traditional Korean food.
- tradition (custom) 전통
  convention 관습
  heritage 유산

Travel words

세관 customs	세관신고서 declaration card
세금 tax	면세품목 duty-free item
신고하다 declare	서명 signature
허가된 permitted	금지된 prohibited
초과하다 exceed	문제 없는 clear
압수 seizure	검역 quarantine
벌금 fine	보안검색 security check
대기 stand-by	짐 옮겨주는 사람 porter

필수패턴

I have some {
- traditional Korean food. 한국 전통 음식이 있습니다.
- seaweed. 김이 있습니다.
- gift. 선물이 있습니다.
- Kimchi. 김치가 있습니다.
- bean paste. 된장이 있습니다.
}

▶ 신고할 물건이 없으면 세관신고서만 쓰고 지나가면 되지만 특별한 음식이 있을 경우에는 I have ~를 사용해서 어떤 물건을 가지고 있다고 말합니다.

At the airport

TOP 5 EXPRESSIONS

1. 환승하려면 어디로 가야 하나요?

2. 9번 게이트가 어디인가요?

3. 일주일 정도입니다.

4. 제 가방을 어디서 찾을 수 있죠?

5. 한국 전통 음식이 있습니다.

❶ Where do I make my connection?   ❷ Where is gate 9?   ❸ About one week.
❹ Where can I pick up my luggage?   ❺ I have some traditional Korean food.

CHAPTER 3

In the hotel

호텔에서 | 호텔 체크인, 호텔 서비스, 호텔 트러블

In the hotel

호텔 체크인

런던에 도착해서 일행과 같이 택시를 타고 아들이 미리 예약해 놓은 호텔에 도착한 황 사장, 긴장하며 호텔 프런트로 갑니다. 프런트에 서 있던 금발의 호텔 직원이 웃으며 반기네요. 반갑게 Hello ~ 인사부터 합니다.

호텔 직원 **Welcome, sir. Do you have a reservation?**
반갑습니다. 예약하셨나요?

물론, 예약이야 했지. 황 사장 기분 좋게 대답합니다.

❶ 예약을 했습니다.

호텔 직원 **May I see your passport, please?**
여권을 보여주시겠습니까?

여권을 보여 달라고? 문제 없지.

❷ 물론이죠.

여권과 함께 예약확인서를 찾아서 건넵니다. 살펴보고 예약을 확인한 호텔 직원이 숙박 카드를 주며 말합니다.

호텔 직원 **Could you fill out this form, please?**
이 카드를 작성해 주시겠습니까?

숙박 카드를 보니 빈칸이 많이 있네요. 이름, 국적, 여권번호 등을 적고 다시 건네니 금발의 호텔 직원이 다시 묻습니다.

호텔 직원   **Will this be cash or a credit card?**
현금 계산입니까? 신용카드입니까?

현금은 있지만 일단 카드로 계산하기로 합니다. 지갑을 보니 비자카드가 있네요. 이 카드로 계산해도 되는지 물어볼까요?

❸ 비자카드 되나요?

호텔 직원   **That'll be fine.**
좋습니다.

보증금 계산을 마친 직원이 준 키를 받아 보니 704호실이군요. 7층이라 생각되지만 돌다리도 두들겨 봐야죠? 꼼꼼한 우리의 황 사장, 다시 한 번 확인합니다.

❹ 몇 층에 있나요?

호텔 직원   **It's on the 7th floor. You can take the elevator over there.**
7층에 있습니다. 저쪽에 있는 엘리베이터를 이용하시면 됩니다.

황 사장 일행, 호텔 직원이 가르쳐준 방향으로 가서 엘리베이터를 기다립니다.

❶ I have a reservation.   ❷ Sure.   ❸ Is Visa OK?
❹ Which floor is it on?

황 사장의 정리노트

들은 표현

예약하셨나요?
Do you have a reservation?
- Did you make a reservation?

여권을 보여주시겠습니까?
May I see your passport, please?
- Would you show me your passport, please?

이 카드를 작성해 주시겠습니까?
Could you fill out this form, please?
- Would you fill out the registration card?
  숙박 카드를 작성해 주시겠습니까?

저쪽에 있는 엘리베이터를 이용하시면 됩니다.
You can take the elevator over there.
- take an elevator 엘리베이터를 타다 /
  go up[down] in an elevator 엘리베이터로 올라가다[내려가다]

말한 표현

예약을 했습니다.
I have a reservation.
- I made a reservation.

비자카드 되나요?
Is Visa OK?
- Do you accept a Visa card?

몇 층에 있나요?
Which floor is it on?
- What floor are the electronics on?
  전자 제품은 몇 층에 있나요?
- What floor is the ticket booth on?
  매표소는 몇 층에 있나요?

Travel words

입실 수속 check-in	1인용 객실 single room
퇴실 수속 check-out	2인용 객실 double room / twin room
프런트 front desk	3인용 객실 triple room
로비 lobby	1인용 침대 single bed
예약 reservation	2인용 침대 double bed
객실 요금 room rate	1인용 침대 두 개 twin bed
보증금 deposit	1인용 침대가 두 개 있는 2인용 객실 twin room
숙박부 check-in slip	스위트룸 suite room
지배인 manager	성수기 high season
봉사료 service charges	비수기 가격 off-season rate

필수패턴

Which floor
- is it on? 몇 층에 있나요?
- are you going to? 몇 층으로 가십니까?
- do you want? 몇 층 가세요? / 몇 층 눌러 드릴까요?
- is the women's wear on? 여성복 매장은 몇 층에 있나요?

▶ 층 수를 알고 싶다면 Which floor ~를 사용해서 몇 층에 있는지 물어 보세요.

In the hotel

호텔 서비스

들뜬 기분으로 떠나온 해외여행. 오랜 비행으로 조금 피곤하네요. 내일은 아침 일찍 관광을 다녀야 하는데 일어날 수 있을지 자신이 없습니다. 아침 식사 시간을 체크한 후 모닝콜을 부탁하려고 합니다. 프런트로 전화를 걸자 여직원이 친절하게 전화를 받는군요.

호텔 직원 **Front desk. How may I help you?**
프런트입니다. 어떻게 도와드릴까요?

일단 아침 식사 시간부터 물어봐야겠죠?

❶ 아침 식사는 몇 시부터입니까?   💋 What time does ~

호텔 직원 **It starts at 7 o'clock.**
7시에 시작합니다.

7시에 내려가서 식사하려면 6시 30분에는 일어나야겠군요. 6시 30분에 모닝콜을 부탁하기로 합니다.

❷ 6시 30분에 모닝콜을 부탁합니다.   💋 wake-up call 모닝콜

호텔 직원 **Your room number, please.**
방 번호를 말씀해 주세요.

룸 넘버를 말하라고? 숫자에 약한 황 사장, 조금 뜸을 들인 후 천천히 얘기합니다.

❸ 여기는 704호실입니다.

호텔 직원　**Thank you. We'll call you at 6:30**
감사합니다. 6시 30분에 전화드리겠습니다.

휴~ 모닝콜 요청도 마쳤겠다, 좀 쉴까 하는데 생각해보니 집에 연락하지 않았군요. 잘 도착했는지 궁금해할 가족에게 전화해야겠는데 호텔 룸 내의 전화요금이 비싸다는 얘기를 들은 황 사장, 공중전화를 찾아 전화를 걸기로 합니다. 엘리베이터를 타고 호텔 로비로 내려온 황 사장, 다시 프런트로 가서 공중전화 위치를 묻습니다.

❹ 근처에 공중전화가 있나요?　　　　　　　💋 Is there ~

호텔 직원　**It's just near the elevator.**
엘리베이터 바로 옆에 있습니다.

아하, 엘리베이터 옆에 있다고. 아들이 적어준 쪽지를 보고 번호를 누르니 이내 아들이 반갑게 전화를 받습니다.

❶ What time does breakfast start?　❷ I'd like to have a wake-up call at 6:30, please.　❸ My room number is 704.　❹ Is there a pay phone around here?

황 사장의 정리노트

들은 표현

7시에 시작합니다.
It starts at 7 o'clock.
- Most of them open at 8:30 a.m.
  대부분 오전 8시 30분에 오픈합니다.

방 번호를 말씀해 주세요.
Your room number, please.
- May I have your room number, please?

6시 30분에 전화드리겠습니다.
We'll call you at 6:30.
- Good morning. This is wake-up call.
  좋은 아침입니다. 모닝콜입니다.

말한 표현

아침 식사는 몇 시부터입니까?
What time does breakfast start?
- When is breakfast available?
  아침 식사는 몇 시입니까?
- What time do you start room service for breakfast?
  몇 시부터 아침 식사 룸 서비스를 시작하죠?

6시 30분에 모닝콜을 부탁합니다.
I'd like to have a wake-up call at 6:30, please.
- Please call to wake me up at six in the morning
  6시에 모닝콜 부탁합니다.
- Can you give me a wake-up call at 6 a.m. tomorrow?
  내일 아침 6시에 모닝콜 해주시겠어요?

근처에 공중전화가 있나요?
Is there a pay phone around here?
- Is there a public phone nearby?

Travel words

모닝콜 wake-up call
침대 bed
시트 sheet
냉장고 refrigerator
옷장 closet
샤워기 shower
변기 toilet
수도꼭지 faucet
세면대 sink
머리빗 brush

룸 서비스 room service
침대 옆 스탠드 beside lamp
금고 safe
어댑터 adaptor
옷걸이 clothes hanger
비누 soap
화장지 toilet paper
배수구 drain
거울 mirror
면도기 razor

필수패턴

Is there { a pay phone 근처에 공중전화가 있나요?
hair salon 근처에 미용실이 있나요?
spa 근처에 온천이 있나요?
a convenience store 근처에 편의점이 있나요? } around here?

▶ 찾는 장소나 물건이 근처에 있는지 물어볼 때 사용하는 표현입니다. 초행길일 때 자주 쓰게 되겠죠? 익혀 두면 유용한 표현입니다.

In the hotel

호텔 트러블

전화통화를 마치고 룸으로 다시 돌아온 황 사장, 잘 준비를 마치고 창문을 닫고 자려고 하는데 창문이 닫히지가 않네요. 이 방법 저 방법 모두 써봐도 닫히지 않는 창문, 열어 두고 잘 수가 없어서 할 수 없이 프런트로 전화를 합니다.

❶ 여기 문제가 생겼습니다.

호텔 직원 **What's the problem?** 무슨 일이십니까?

창문이 닫히지 않는다고 말해야겠죠?

❷ 창문이 닫히질 않습니다.　　　　　　　　　　I can't ~

호텔 직원 **Oh, I'm sorry. What's your room number?**
죄송합니다. 몇 호실입니까?

쉽게 방 번호를 얘기한 황 사장, 점검할 사람을 좀 보내달라고 합니다.

❸ 점검할 사람을 보내주시겠어요?

호텔 직원 **Sure. I'll send someone right away.**
그러지요. 곧 사람을 보내겠습니다.

통화가 끝나고 잠시 후 직원이 올라옵니다. 창문은 겨우 닫혔지만 틈이 벌어져 있어서 아무래도 찬 바람이 들어올 것 같습니다. 방을 바꿔달라고 할까? 귀찮은데 그냥 잘까? 잠시 고민하던 황 사장, 그럴 수는 없지 싶은 생각에 방을 바꿔달라고 전화합니다.

❹ 다른 방으로 바꿔주시겠어요? 👄 Could you ~

문제가 있느냐고 묻는 호텔 직원에게 창문 틈이 벌어져서 바람이 들어온다고 얘기합니다.

❺ 창문 틈으로 바람이 들어와요.

호텔 직원 **My apologies. I'll change the room.**
사과드립니다. 방을 바꿔드리겠습니다.

창문이 제대로 고쳐지지 않았다는 걸 눈치챈 호텔 직원이 미안해하며 방을 바꿔 주네요. 704호보다 훨씬 조용하고 아늑한 810호로 방을 바꿔서 묵게 된 황 사장, 역시 불편한 건 그냥 넘어가지 말고 얘기를 해야겠다는 생각이 듭니다. 너무나 긴 하루를 보낸 황 사장, 내일을 위해 잠을 청합니다.

❶ I have a problem here. ❷ I can't close the window. ❸ Could you send someone to check it? ❹ Could you give me a different room? ❺ The wind comes in through a crack in the window.

황 사장의 정리노트

들은 표현

무슨 일이십니까?
What's the problem?

- How can I help you?
  무엇을 도와드릴까요?

곧 사람을 보내겠습니다.
I'll send someone right away.

- at once, right away[off],
  in an instant 금방(바로)
  soon, shortly, before long,
  in a moment[minute] 머지않아

사과드립니다. 방을 바꿔드리겠습니다.
My apologies. I'll change the room.

- I sincerely apologize.
  진심으로 사과드립니다.

말한 표현

여기 문제가 생겼습니다.
I have a problem here.

- I've got a problem.
  문제가 있어요.
- I have a serious problem.
  심각한 문제가 하나 있어요.

창문이 닫히질 않습니다.
I can't close the window.

- shut the window 창문을 닫다
  open the window 창문을 열다

다른 방으로 바꿔주시겠어요?
Could you give me a different room?

- I'd like to change my room.
  방을 바꾸고 싶은데요.

Travel words

입구 entrance
출구 way out
비상구 fire exit
별관 annex
안내 information
방해하지 마세요 DO NOT DISTURB
방을 청소해 주세요 PLEASE MAKE UP THIS ROOM

휴대품 보관소 cloakroom
접수처 registration/front desk
관계자 외 출입금지 employees only
식당 dining room

필수패턴

I can't {
close(open) the window. 창문이 닫히지(열리지) 않습니다.
turn on(off) the TV. TV가 켜지지(꺼지지) 않습니다.
start the air conditioner. 에어컨이 켜지지 않습니다.
make a phone call. 전화가 걸리지 않습니다.
set the alarm. 알람을 맞출 수 없습니다.
}

▶ '~가 안 됩니다. 제가 ~할 수가 없네요' 라는 표현입니다. 뭔가 문제가 생겼을 때 사용해 보세요.

In the hotel

TOP 5 EXPRESSIONS

1. 예약했습니다.

2. 아침 식사는 몇 시부터입니까?

3. 6시 30분에 모닝콜을 부탁합니다.

4. 근처에 공중전화가 있나요?

5. 여기 문제가 생겼습니다.

> ❶ I have a reservation. ❷ What time does breakfast start? ❸ I'd like to have a wake-up call at 6:30, please. ❹ Is there a pay phone around here? ❺ I have a problem here.

CHAPTER 4
Go sightseeing

관광지에서 | 관광 정보, 매표소에서, 사진 찍기

Go sightseeing

관광 정보

런던 여행 첫 번째 날, 편하고 쉽게 런던을 둘러볼 수 있는 시티투어(City Tour) 버스를 타기로 합니다. 우리의 황 사장은 호텔에서 안내받은 관광 안내소에 가서 이런저런 정보를 얻기 위해 노력중이네요.

---

❶ 런던 투어를 하고 싶은데요.   💋 I'd like to ~

안내원   **Here's a tour brochure.**
여기 안내서가 있습니다.

안내서를 대충 살펴보니 가고 싶은 곳은 거의 지나는 코스라 마음에 듭니다. 일단 비용을 물어봐야겠네요.

❷ 비용은 1인당 얼마입니까?

안내원   **The fare is 23 pounds per person.**
요금은 1인당 23파운드입니다.

아들이 말해준 요금과 비슷하네요. 황 사장, 가이드를 동행할까 고민이 됩니다. 한국인 가이드가 있다면 더 좋겠지만 아쉬운 대로 현지 가이드라도 있으면 좋겠구나 싶어서 다시 묻습니다.

❸ 가이드를 고용할 수 있나요?   💋 Is it possible ~

안내원   **Yes, that's extra. It's 200 pounds.**
           예, 경비는 별도입니다. 200파운드입니다.

흠, 한국인 가이드도 아닌데 비용이 좀 비싸네요. 그냥 가이드는 포기하고 시티투어 버스를 타기로 합니다. 오후엔 박물관에 가기로 한 황 사장, 시간이 얼마나 걸릴지 궁금합니다.

❹ 이 관광은 얼마나 걸립니까?

안내원   **We'll be back by 3 o'clock.**
           3시까지는 돌아오게 됩니다.

일행과 함께 사진으로만 보던 빨간색 2층 시티투어 버스에 올라탄 황 사장, 여유롭게 자리에 앉아서 주위 풍경을 구경합니다.

❶ I'd like to take a sightseeing tour in London. ❷ How much is the tour per person? ❸ Is it possible to hire a guide? ❹ How long does this tour take?

황 사장의 정리노트

여기 안내서가 있습니다.
Here's a tour brochure.

- guide map, information map 안내도 / sign 안내문 / information desk 안내소

요금은 1인당 23파운드입니다.
The fare is 23 pounds per person.

- charge, fee, fare 요금

예, 경비는 별도입니다. 200파운드입니다.
Yes, that's extra. It's 200 pounds.

- That will be charged separately. It's 200 pounds.

런던 투어를 하고 싶은데요.
I'd like to take a sightseeing tour in London.

- Can I sign up for the sightseeing tour in London?
  런던 관광 여행을 신청할 수 있습니까?

비용은 1인당 얼마입니까?
How much is the tour per person?

- How much per head?
  1인당 얼마인가요?

이 관광은 얼마나 걸립니까?
How long does this tour take?

- How long will it take?
  얼마나 걸리나요?
- How long do you think it'll take?
  시간이 얼마나 걸릴 것 같아요?

Travel words

예약 reservation	매표소 ticket tour
안내서 brochure	매진 sold out
요금 fare	별도 경비 extra
뮤지컬 musical	콘서트 concert
무대 stage	청중 audience
성인 adult	시티투어 버스 city tour bus
학생 student	여행사 travel agency
도보 여행 hiking	패키지 여행 package tour

필수패턴

How long {
does this tour take? 이 관광은 얼마나 걸립니까?
do we stop here? 여기서 얼마나 머무나요?
does it take on foot? 걸어서 얼마나 걸립니까?
does it take by bus? 버스로 얼마나 걸립니까?
does the movie last? 영화는 얼마 동안 합니까?
}

▶ How long은 '얼마나, 언제까지'의 의미로 시간이 얼마나 걸릴지 물을 때 사용하는 표현입니다. 영화나 공연 등이 얼마 동안 하는지 물을 때도 사용합니다.

Go sightseeing

매표소에서

시티투어 버스에서 사진도 찍고 일행과 즐겁게 얘기를 나누다 보니 어느새 시간이 훌쩍 지났네요. 내셔널 갤러리에서 피카소 특별전이 열린다는 얘길 듣고 가 보려고 마음 먹은 황 사장, 일행과 함께 버스에서 내려 서둘러 내셔널 갤러리로 향합니다.

내셔널 갤러리에 도착은 했는데 피카소 특별전 티켓을 사는 곳이 어디인지 보이지가 않네요. 지나가는 사람에게 물어보기로 합니다.

❶ 실례합니다. 티켓은 어디에서 사나요?

행인 **When you turn the corner, you'll see a ticket office.**
모퉁이를 돌면 매표소가 있습니다.

Thank you ~와 웃음은 이제 대답의 기본이죠? 모퉁이를 돌아 매표소를 보니 줄이 길게 늘어서 있네요. 와~ 이 사람들이 모두 피카소전을 보려는 사람들? 일단 물어봐야겠네요.

❷ 이게 무슨 줄입니까?

여자 **I'm standing in line to get a ticket for the Picasso Exhibition.**
피카소 전시회 티켓을 사려고 줄을 서고 있어요.

역시나 피카소 전시회를 관람하려는 사람들이었군요. 황 사장도 일행과 함께 얼른 줄을 섭니다.

사람 구경, 풍경 구경을 하면서 기다리다 보니 어느새 황 사장의 차례가 되었군요. 입장료가 얼마인지 물어보고 표를 삽니다.

❸ 입장료가 얼마인가요? How much ~

직원 **15 pounds per person.**
1인당 15파운드입니다.

한 사람당 15파운드면 4명이니까 60파운드죠? 입장료를 건넨 황 사장, 무료 안내서가 있는지 궁금합니다. 하지만 매표소 주위를 둘러봐도 안내서는 보이질 않네요. 티켓을 건네받은 황 사장, 확인차 매표소 직원에게 무료 안내서가 있는지 물어봅니다.

❹ 무료 안내서가 있습니까? free brochure 무료 안내서

직원 **Yes, we do. Here you are.**
예, 여기 있습니다.

안내서를 받아 든 황 사장, 일행들과 멋진 피카소 그림을 보기 위해 입장합니다.

❶ Excuse me, where can I buy a ticket? ❷ What is this line for?
❸ How much is the admission fee? ❹ Do you have a free brochure?

황 사장의 정리노트

모퉁이를 돌면 매표소가 있습니다.
When you turn the corner, you'll see a ticket office.

- go round a corner, take a corner
  모퉁이를 돌다

피카소 전시회 티켓을 사려고 줄을 서고 있어요.
I'm standing in line to get a ticket for the Picasso Exhibition.

- stand in line to get on the bus
  버스를 타기 위해 줄을 서다
- stand in a straight line
  일직선으로 줄을 서다

1인당 15파운드입니다.
15 pounds per person.

- The admission fee is 15 pounds per person.
  입장료는 1인당 15파운드입니다.

티켓은 어디에서 사나요?
Where can I buy a ticket?

- Where can I get a ticket?

입장료가 얼마인가요?
How much is the admission fee?

- entrance fee 입장료
  ticket 입장권
  audience 입장객
  audio guide 오디오 가이드
  cloakroom 휴대품 보관소
  closed all day 1 January
  1월 1일 휴관

무료 안내서는 있습니까?
Do you have a free brochure?

- free lecture 무료 강좌
  free ticket 무료 관람권
  free admission 무료 입장

Travel words

관광 명소 tourist attraction
전시회 exhibition
박람회 fair
기념관 memorial
재입장 reenter
입장 entry
당일 관광 one-day tour
시내 관광 city sightseeing

안내 부스 information booth
박물관 museum
화랑 art gallery
매표소 a ticket office
야간 관광 night tour
반일 관광 half-day tour

필수패턴

How much is {
the admission fee? 입장료가 얼마인가요?
the fare? 요금은 얼만가요?
a ticket? 표는 얼마죠?
a round trip ticket? 왕복표가 얼마입니까?
altogether? 전부해서 얼마입니까?
that worth? 저건 얼마에요?
}

▶ How much ~는 가격을 물을 때 가장 기본적인 표현입니다. 꼭 알고 가야겠죠?

Go sightseeing

사진 찍기

유료 전시회이니만큼 피카소의 유명한 그림들이 많이 전시되어 있네요. 사진을 찍고 싶은데 가능한지 궁금합니다. 박물관이나 미술관 내에서는 대부분 사진 찍는 것이 금지되어 있으니 관리인에게 꼭 물어봐야 한다는 아들의 말이 떠오른 황 사장, 관리인을 찾아 묻습니다.

---

❶ 실례합니다. 여기서 사진 찍어도 되나요?

관리인 **I'm sorry, you can't.**
죄송하지만 안 됩니다.

역시 사진을 찍는 것이 금지되어 있군요. 조금 아쉽지만 사진은 포기하고 멋진 그림을 집중해서 관람합니다. 많은 사람들 틈에서 천천히 다니다 보니 목이 마르네요. 음료 살 곳을 묻습니다.

❷ 마실 것을 어디에서 살 수 있나요?

관리인 **I'm sorry, but we don't sell drinks here.**
죄송하지만 여기서는 음료를 팔지 않습니다.

일행이 화장실도 물어봐 달라고 눈짓을 보내는군요. 화장실 위치를 묻습니다.

❸ 화장실이 근처에 있나요?

관리인   **I'm afraid there isn't one around here. That's on the first floor.**
이 근처에는 없는데요. 1층에 있습니다.

1층으로 가서 화장실을 다녀온 후 느긋하게 그림을 관람하고 나온 황 사장, 아쉬운 마음에 전시회장 입구에서라도 지나가는 사람에게 부탁해서 사진을 찍으려고 합니다.

❹ 우리 사진을 좀 찍어 주실 수 있습니까?   💋 Would you mind ~

행인   **No, not at all.**
예, 그러지요.

황 사장, 카메라를 건네고 버튼을 가리키며 말합니다.

❺ 이 버튼을 누르면 됩니다.

행인   **Ok, say cheese.**
예, 웃으세요.

김치~ 대신 치즈~를 외치며 멋지게 웃는 황 사장과 일행.

❶ Excuse me, may I take a picture here? ❷ Where can I buy something to drink? ❸ Is there a bathroom near here? ❹ Would you mind taking our picture? ❺ Just press this button here.

황 사장의 정리노트

죄송하지만 여기서는 음료를 팔지 않습니다.
I'm sorry, but we don't sell drinks here.

- drink, beverage 음료
  hot drink 뜨거운 음료
  cold drink 차가운 음료

이 근처에는 없는데요.
I'm afraid there isn't one around here.

- That's the only place around here.
  이 근처에는 그곳 밖에 없어요.

1층에 있습니다.
That's on the first floor.

- floor, story, level 건물의 층

여기서 사진 찍어도 되나요?
May I take a picture here?

- Can I take pictures?
  사진을 찍어도 될까요?

마실 것을 어디에서 살 수 있나요?
Where can I buy something to drink?

- Are there any vending machines for soft drinks?
  음료 자판기는 없습니까?

우리 사진을 좀 찍어 주실 수 있습니까?
Would you mind taking our picture?

- Excuse me, can you take a picture for me?
  실례합니다만, 사진 좀 찍어 주시겠어요?

Travel words

금연 No smoking
들어가지 마시오 No Entry
이쪽으로 This Way
나가는 길 Way out
정숙 Quiet Please
플래시 금지 No Flash
사진 촬영 금지 No Pictures

금연 구역 Non-smoking Area
만지지 마시오 Do Not Touch
머리 조심 Watch Your Head
실내 촬영 금지 No Pictures inside
애완동물 출입 금지 No Pets Allowed
관계자 외 출입금지 Authorized Personnel Only

필수패턴

Would you mind
- taking our picture? 우리 사진을 좀 찍어 주실 수 있나요?
- trading seats with me? 자리 좀 바꿀 수 있을까요?
- opening the window? 창문을 좀 열어도 될까요?
- calling me a taxi? 택시를 불러주시겠어요?

▶ Would you mind ~ing는 허락을 구할 때 쓰는 표현으로 직역하면 '~하는 것이 싫지 않으시겠습니까?' 이므로 싫지 않다, 즉 해도 좋다고 허락할 때는 NO로 대답해야 합니다.

Go sightseeing

TOP 5 EXPRESSIONS

1. 런던 투어를 하고 싶은데요.

2. 비용은 1인당 얼마입니까?

3. 티켓은 어디에서 사나요?

4. 화장실이 근처에 있나요?

5. 우리 사진을 좀 찍어 주실 수 있습니까?

---

❶ I'd like to take a sightseeing tour in London. ❷ How much is the tour per person? ❸ Where can I buy a ticket? ❹ Is there a bathroom near here? ❺ Would you mind taking our picture?

CHAPTER 5
At a restaurant

식당에서 | 식당 찾기, 식당 예약, 식사 주문

At a restaurant

식당 찾기

관광을 마치고 호텔로 돌아온 황 사장 일행, 저녁 시간이 되니 배가 고파 오네요. 점심때 입맛에 맞지 않은 식사로 고생했기 때문에 저녁 식사는 호텔 인포메이션에 물어 맛좋은 식당을 찾아서 가기로 합니다.

❶ 이 근처에 괜찮은 음식점이 있나요?

호텔 직원   **I know a nice Italian restaurant near here.**
근처에 음식 잘하는 이탈리아 식당을 알고 있습니다.

이탈리아 식당이라…, 일행의 의견을 물으니 이탈리아 음식도 좋다고 하네요. 거리가 얼마나 되는지 묻습니다.

❷ 여기서 가까운가요?

호텔 직원   **It's only five minutes away by taxi.**
그곳은 택시로 겨우 5분 거리에 있습니다.

가까워서 좋군요. 황 사장이 가지고 있던 지도를 펼쳐 보이며 다시 한번 위치를 확인합니다.

❸ 이 지도 어디에 있습니까?

호텔 직원 That restaurant is not on the map.
그 식당은 지도에 없습니다.

정확한 위치는 모르겠지만, 택시로 5분 거리라고 하니 식당 이름과 전화번호만 알면 못 찾을 일은 없겠다 싶네요. 예약을 하고 가야 하는지 확인합니다.

❹ 예약이 필요한가요?   reservation 예약

호텔 직원 Yes, you need one.
네, 예약을 하셔야 합니다.

예약을 해야 하는 곳이면 손님이 많아서 예약이 안 될 수도 있겠다 싶네요. 황 사장 내친김에 한국 식당이 있는지 묻습니다.

❺ 가장 가까운 한국 식당은 어디입니까?

호텔 직원 There is no Korean restaurant around here.
이 근처에는 한국 식당이 없네요.

이런, 고추장을 좋아하는 우리의 황 사장, 일주일 내내 한국 음식은 못 먹을 것 같은 불길한 예감이 드네요. 그래도 한국에서 싸온 김과 고추장이 있으니 다행이라고 생각합니다.

❶ Is there a good restaurant around here?   ❷ Is it close to here?
❸ Would you show me on this map?   ❹ Do we need a reservation?
❺ Where is the nearest Korean restaurant?

황 사장의 정리노트

들은 표현

근처에 음식 잘하는 이탈리아 식당을 알고 있습니다.
I know a nice Italian restaurant near here.

- restaurant, cafe 음식점
  bistro 작은 음식점
  tearoom, coffee bar, snack bar
  간단한 먹거리와 음료를 파는 곳

그곳은 택시로 겨우 5분 거리에 있습니다.
It's only five minutes away by taxi.

- It takes about ten minutes on foot.
  걸어서 10분 정도 걸립니다.
- It's about a five minute walk.
  걸어서 5분 정도 거리예요.

이 근처에는 한국 식당이 없네요.
There is no Korean restaurant around here.

- There is no bus service around here.
  이 근처에는 버스 편이 없어요.

말한 표현

이 근처에 괜찮은 음식점이 있나요?
Is there a good restaurant around here?

- Are there any good restaurants near here?
  근처에 괜찮은 음식점이 있습니까?
- Would you recommend a good restaurant to me?
  괜찮은 음식점 하나 추천해 줄래요?

여기서 가까운가요?
Is it close to here?

- Is it near here? 여기서 가까워요?
- Is Seoul Station close to here?
  서울역이 여기서 가깝나요?

예약이 필요한가요?
Do we need a reservation?

- Do I need to make a reservation of dinner?
  저녁 식사하려면 예약해야 되나요?
- Do I need a reservation for this train?
  이 기차를 타려면 예약해야 합니까?

Travel words

식당 restaurant	식사 meal	요리 dish
주문 order	메뉴 menu	요리사 chef
포크 fork	나이프 knife	숟가락 spoon
젓가락 chopsticks	컵 cup	냅킨 napkin
소금 salt	후추 pepper	설탕 sugar
간장 soy sauce	버터 butter	마가린 margarine
케첩 ketchup	머스터드 mustard	

필수패턴

Where is the nearest
- Korean restaurant? 가장 가까운 한국 식당은 어디입니까?
- Chinese restaurant? 가장 가까운 중국 식당은 어디입니까?
- restroom? 가장 가까운 화장실은 어디입니까?
- bus stop? 가장 가까운 버스 정류장은 어디입니까?

▶ 무엇이 어디에 있는지를 물을 때 Where is ~를 사용합니다. 해외여행에서는 모든 것이 낯설고 익숙하지 않아서 이 표현을 이용하여 물을 상황이 많으니 익혀두는 것이 좋습니다.

At a restaurant

식당 예약

황 사장이 소개받은 이탈리안 식당에 저녁 식사 예약을 하기로 합니다. 호텔 인포메이션에서 받아온 전화번호로 전화를 겁니다. Buona sera라는 식당 이름과 함께 상냥한 아가씨의 목소리가 들려오네요. 자~ 예약을 해볼까요?

❶ 오늘 저녁 식사를 예약하고 싶은데요.

종업원 **How many are there in your party?**
몇 분이나 되십니까?

How many ~면 우리가 몇 명이냐고 묻는 거군요. 6시 30분에 4명이 간다고 대답하는 황 사장.

❷ 오후 6시 30분에 4명이 갑니다.

종업원 **We are full at that time.**
그 시간에는 예약이 모두 차있습니다.

이런, 역시 예상대로 예약이 차 있군요. 황 사장 예약 가능한 시간을 묻습니다.

❸ 예약이 가능한 시간이 언제죠?   💋 For what time ~

종업원   We are available after 8.
          8시 이후에는 가능합니다.

8시면 저녁 식사가 좀 늦어지겠군…. 식사 후 바에서 가벼운 술자리를 기대했던 황 사장, 잠시 고민하다가 오늘은 레스토랑 와인으로 만족하기로 합니다.

❹ 오늘 밤 8시에 4인용 테이블로 예약해 주세요.

종업원   May I have your name, please.
          성함을 말씀해 주시겠습니까?

이름을 얘기하고 나니 레스토랑 종업원이 다시 흡연석과 금연석 중 선택하라고 합니다. 황 사장 금연석으로 예약합니다.

종업원   Do you prefer a table in the smoking or non-smoking section?
          흡연석을 원하십니까, 금연석을 원하십니까?

❺ 금연석으로 주세요.

예약을 무사히 끝낸 황 사장, 남는 시간동안 일행과 호텔에 있는 커피숍에서 대화를 나누며 시간을 보내기로 합니다.

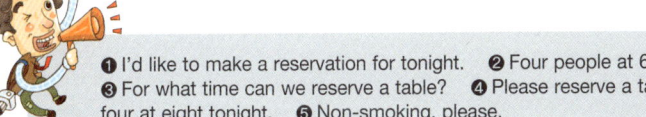

❶ I'd like to make a reservation for tonight. ❷ Four people at 6:30 p.m.
❸ For what time can we reserve a table? ❹ Please reserve a table for four at eight tonight. ❺ Non-smoking, please.

황 사장의 정리노트

들은 표현

몇 분이나 되십니까?
How many are there in your party?

- How many do you have in your party?
  일행이 몇 분이세요?

그 시간에는 예약이 모두 차있습니다.
We are full at that time.

- It's all booked.
  예약이 꽉 찼습니다.
- We don't have any appointments open.
  예약이 모두 차 있습니다.
- All tables are booked tonight.
  오늘 저녁은 예약이 다 찼는데요.

흡연석을 원하십니까, 금연석을 원하십니까?
Do you prefer a table in the smoking or non-smoking section?

- Which do you prefer smoking or non-smoking?

말한 표현

오늘 저녁 식사를 예약하고 싶은데요.
I'd like to make a reservation for tonight.

- Can I make a reservation for tonight?
  오늘 저녁 식사 예약 가능한가요?
- Can I have a table for tonight?
  오늘 저녁에 예약 가능한가요?

예약이 가능한 시간이 언제죠?
For what time can we reserve a table?

- reservation, booking
  (방·좌석·표 등의) 예약
  appointment (진료·상담 등의) 예약

오늘 밤 8시에 4인용 테이블로 예약해 주세요.
Please reserve a table for four at eight tonight.

- I'd like to make a reservation for three for 7 o'clock tonight.
  오늘 저녁 7시에 세 명으로 예약해 주세요.

Travel words

햄버거 hamburger
피자 pizza
머핀 muffin
양파 onions
나초 nachos
피클 pickles
탄산음료 soda
샐러드 salad
빨대 straw

핫도그 hot dog
세트 combo
감자튀김 french fries
프라이드 치킨 fried chicken
아이스티 iced tea
도넛 doughnut
비스킷 biscuit
계산대 counter
쟁반 tray

필수패턴

I'd like to
- make a reservation for tonight.
  오늘 저녁 식사를 예약하고 싶은데요.
- reserve a table for tomorrow night.
  내일 저녁 식사 예약을 하고 싶습니다.
- change my reservation time.
  예약시간을 변경하고 싶습니다.
- cancel my reservation. 예약을 취소하고 싶어요.

▶ 비행기표를 예약할 때나 식당을 예약할 때 쓰면 좋은 표현입니다.

At a restaurant

식사 주문

호텔 커피숍에서 여유롭게 시간을 보낸 후 예약시간에 맞추어 레스토랑을 찾은 황 사장, 입구에서 안내를 받아 자리에 앉습니다. 메뉴를 보며 음식을 고르고 있는데 종업원이 다가오네요.

종업원　**Are you ready to order?**
　　　　주문하시겠습니까?

레스토랑에서는 추천하는 음식이 가장 맛있다는 아들의 얘기가 생각난 황 사장, 종업원에게 추천해 줄 음식이 있느냐고 묻습니다.

❶ 특별히 추천해 주실 음식이 있습니까?　　　　　💋 Do you have ~

종업원　**I'd suggest seafood pasta.**
　　　　해산물 파스타를 권합니다.

해산물을 좋아하는 황 사장, 추천해 준 해산물 파스타로 메인 메뉴를 정합니다.

❷ 해산물 파스타로 주세요.

종업원　**What would you like with your pasta?**
　　　　파스타와 어떤 메뉴를 함께 드시겠어요?

황 사장, 샐러드를 추가로 시킵니다.

❸ 셰프 샐러드 주세요.

종업원   **What kind of dressing would you like?**
어떤 종류의 드레싱을 원하세요?

❹ 프렌치 드레싱으로 주세요.

식사는 무사히 주문한 것 같군요. 종업원이 무얼 마실지 묻습니다. 황 사장 미리 생각해 두었던 와인을 시킵니다.

종업원   **What would you like to drink?**
음료는 무얼로 하시겠습니까?

❺ 레드 와인으로 주세요.

잠시 후 나온 먹음직스런 음식들. 역시 추천 받은 레스토랑이니만큼 음식 맛이 좋군요. 황 사장과 일행은 오랜만에 이탈리아 요리에 와인까지 곁들여 기분 좋은 식사를 합니다.

❶ Do you have any special recommendations?
❷ I'll have the seafood pasta.   ❸ Chef's salad, please.
❹ French dressing, please.   ❺ I'd like some red wine, please.

황 사장의 정리노트

들은 표현

주문하시겠습니까?
Are you ready to order?

- Would you like to order now?
  지금 주문하시겠습니까?

어떤 종류의 드레싱을 원하세요?
What kind of dressing would you like?

- What kind of salad dressing would you like?
  샐러드 드레싱은 어떤 것으로 드릴까요?

음료는 무엇으로 하시겠습니까?
What would you like to drink?

- Would you like anything to drink with that?
  음료를 같이 드시겠습니까?

말한 표현

특별히 추천해 주실 음식이 있습니까?
Do you have any special recommendations?

- What do you recommend we order?
  어떤 요리를 추천하시나요?
- What's the chef's specialty?
  주방장의 특별요리는 무엇입니까?

해산물 파스타로 주세요.
I'll have the seafood pasta.

- stake 스테이크 / chicken curry 치킨 커리 / smoked-salmon 훈제연어 / turkey 칠면조고기 / crab 게 / lobster 랍스터

레드 와인으로 주세요.
I'd like some red wine, please.

- red wine 레드 와인 / white wine 화이트 와인 / sweet wine 단맛이 나는 와인 / dry wine 단맛이 없고 비교적 맛이 떫은 와인 / champagne 샴페인 / ice wine 얼린 포도로 만든 단맛의 디저트 와인

Travel words

짠 salty	덜 익힌 rare
싱거운 bland	중간 정도로 익힌 medium
매운 spicy	바싹 익힌 well-done
신 sour	추천요리 recommended dish
달콤한 sweet	오늘의 스페셜 special of the day
쓴 bitter	전채요리 appetizer
디저트 dessert	메인요리 main dish
영수증 receipt	초콜릿 케이크 chocolate cake
계산서 bill	라이스 푸딩 rice pudding
수표 check	토마토 주스 tomato juice
팁 tip	애플파이 apple pie
거스름돈 change	아이스크림 ice cream
신용카드 credit card	

필수패턴

Do you have any {
- special recommendations?
  특별히 추천해주실 음식이 있습니까?
- special dish, here?
  이곳의 특별한 요리가 있습니까?
- appointments tomorrow?
  내일 무슨 약속이 있습니까?
- plans for this weekend?
  이번 주말에 어떤 계획이 있나요?

At a restaurant

TOP 5 EXPRESSIONS

1. 이 근처에 괜찮은 음식점이 있나요?

2. 가장 가까운 한국 식당은 어디입니까?

3. 오늘 저녁 식사를 예약하고 싶은데요.

4. 특별히 추천해 주실 음식이 있습니까?

5. 해산물 파스타로 주세요.

❶ Is there a good restaurant around here?　❷ Where is the nearest Korean restaurant?　❸ I'd like to make a reservation for tonight.　❹ Do you have any special recommendations?　❺ I'll have the seafood pasta.

CHAPTER 6

On the street

거리에서 | 택시 타기, 기차 타기, 버스 타기

On the street

택시 타기

바쁘고 정신없이 첫째 날을 보낸 황 사장. 둘째 날은 일행들과 윈저성(Windsor Castle)을 방문하려고 합니다. 워털루(Waterloo) 역에서 Southwest train을 타고 50분쯤 가면 된다는 정보를 미리 알고 온 터라 역까지 택시로 이동하려 합니다.

호텔 인포메이션에 택시를 불러달라고 부탁합니다.

❶ 택시 한 대 불러주시겠어요?   💋 Would you ~

호텔 직원   **Please wait here for a minute.**
잠시만 여기서 기다리세요.

호텔 로비의 의자에 앉아서 기다리고 있는데 밖에 택시가 오는 것이 보입니다. 황 사장, 일행과 함께 택시에 올라탑니다.

운전사   **Where can I take you?**
어디까지 가십니까?

❷ 워털루 역까지 가주세요.

생긴 것은 다르지만 서글서글한 인상의 약간 나이가 들어 보이는 택시 운전사 아저씨를 보니 친근한 생각이 드네요. 황 사장, 편안하게 이것저것 묻습니다.

❸ 얼마나 걸릴까요?

운전사   It takes around 20 minutes.
약 20분 정도 걸립니다.

❹ 저희는 윈저성에 가려고 합니다.   Windsor Castle 윈저성

운전사   Yes. It's by far the most famous spot around this area.
그렇군요. 그곳은 이 지역에서 가장 유명한 장소지요.

운전사 아저씨가 윈저성에 대해 이런저런 얘기를 해주는데 집중해서 들어도 반 이상은 이해할 수가 없네요. 황 사장, 그냥 고개만 끄덕입니다. 그러던 중에 창밖으로 워털루 역이 보입니다.

운전사   Here we are.
다 왔습니다.

❺ 얼마입니까?

팁까지 50파운드를 건네고 택시에서 내린 황 사장, 일행과 함께 워털루 역으로 가서 기차 시간을 살펴봅니다.

❶ Would you call a taxi for me, please? ❷ Please take me to the Waterloo station. ❸ How long will it take? ❹ We are going to Windsor Castle. ❺ How much is it?

황 사장의 정리노트

어디까지 가십니까?
Where can I take you?

- Where to?
  Where do you want go?

약 20분 정도 걸립니다.
It takes around 20 minutes.

- It'll take about 20 minutes.

그곳은 이 지역에서 가장 유명한 장소지요.
It's by far the most famous spot around this area.

- The place is noted for its scenic beauty.
  그곳은 경치가 아름답기로 유명합니다.
- It's by far the most beautiful spot around that area.
  그곳은 그 지역에서 가장 아름다운 장소입니다.

택시 한 대 불러주시겠어요?
Would you call a taxi for me, please?

- Could you call me a taxi?

얼마나 걸릴까요?
How long will it take?

- How long do you think it'll take?
  시간이 얼마나 걸릴 것 같아요?

저희는 윈저성에 가려고 합니다.
We are going to Windsor Castle.

- I'd like to go to Windsor Castle.
  윈저성에 가려고 합니다.

얼마입니까?
How much is it?

- How much is the fare?
  요금이 얼마죠?

Travel words

택시 taxi, cab
택시 요금 taxi fare
할증 요금 extra charge
주유소 gas station
앞좌석 front seat
교통 체증 traffic jam
소형차 compact car
고급 승용차 luxury car

택시 정류장 taxi stand
기본 요금 basic rate
미터기 fare meter
거스름돈 change
뒷자석 back seat
러시아워 rush hour
대형차 ful-size car
오픈카 convertible

필수패턴

Please take me to {
the Waterloo station. 워털루 역까지 가주세요.
this address. 이 주소로 데려다 주세요.
this place. 여기로 가주세요.
the hospital. 병원으로 가주세요.
the airport. 공항으로 가주세요.
}

▶ 간단히 가고자 하는 목적지를 말하거나 적어서 보여주는 것도 좋습니다.

On the street

기차 타기

평일 오전인데도 워털루 역에는 현지인과 관광객이 많습니다. 모두 원저성을 가는 것은 아니겠지? 적어도 50분은 가야 하는데 혹시 서서 가게 되지 않을까 걱정이 앞서네요. 기차를 타려면 티켓을 사야겠죠? 매표소가 보이지 않아 행인에게 묻습니다.

❶ 실례합니다. 어디에서 표를 살 수 있습니까?

행인   **You can buy a ticket at the vending machine over there.**
저기 자동판매기에서 표를 살 수 있습니다.

❷ 열차 시각표를 얻을 수 있을까요?   a train timetable 열차 시각표

행인   **Yes, Just ask for it at the booth.**
네, 창구에 부탁하세요.

자동판매기라…, 기계치인 황 사장, 두려운 마음으로 자동판매기 앞에 다가갑니다. 다행히 한국의 지하철 기계와 비슷해서 쉽게 표를 구입합니다. 열차 시각표까지 구해서 전광판을 살핀 후 원저행 열차가 오는 플랫폼을 찾아 이동하는 황 사장. 역시 현지인에게 물어보는 것이 가장 안전하고 빠른 길이겠죠?

❸ 실례합니다. 원저행 열차는 몇 번 플랫폼에서 탑니까?

행인   **Platform No. 4**
4번 플랫폼입니다.

4번 플랫폼에 도착하여 대기하고 있는 예쁜 색의 Southwest train에 올라탑니다. 지정 좌석이 아니라 일행과 따로 떨어져 앉게 된 황 사장, 창밖의 풍경을 보다 깜빡 잠이 듭니다. 불현듯 눈을 번쩍 뜬 황 사장, 윈저성이 종착역인 것은 알지만 어디쯤 왔는지 옆자리의 아가씨에게 물어봅니다.

❹ 여기가 어느 역입니까?

여자   **This stop is Staines.**
이번 역은 스테인즈입니다.

스테인즈면 얼마나 남은 거지? 궁금해진 황 사장 다시 묻습니다.

❺ 윈저까지 몇 정거장 남았습니까?   💋 How many ~

여자   **It is four stops away.**
4정거장 남았어요.

절반 정도 왔군요. 황 사장, 고맙다는 인사를 하고 가져온 관광 책자에서 윈저성에 대해 살펴봅니다.

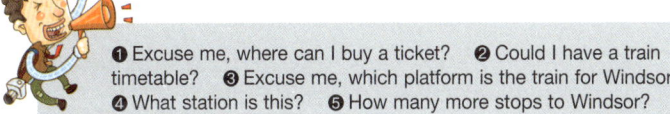

❶ Excuse me, where can I buy a ticket?   ❷ Could I have a train timetable?   ❸ Excuse me, which platform is the train for Windsor?   ❹ What station is this?   ❺ How many more stops to Windsor?

황 사장의 정리노트

 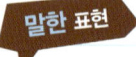

저기 자동판매기에서 표를 살 수 있습니다.
You can buy a ticket at the vending machine over there.

- vending machine 자동판매기
  automatic door 자동문
  answering machine 자동응답기

4번 플랫폼입니다.
Platform No. 4.

- departure platform 발차 플랫폼
  arrival platform 열차 도착 플랫폼
  down platform 하행선 플랫폼
  up platform 상행선 플랫폼

4 정거장 남았어요.
It is five stops away.

- Just one more stop before Staines.
  스테인즈까지 딱 한 정거장 남았어요.
- There are four more stops to Fifth Avenue.
  5번가까지 네 정거장 더 남았습니다.

열차 시각표를 얻을 수 있을까요?
Could I have a train timetable?

- Could I have a subway map, please?
  지하철 노선도를 얻을 수 있을까요?
- Could you give me a bus route map?
  버스 노선도 좀 주시겠어요?

윈저행 기차는 몇 번 플랫폼에서 탑니까?
Which platform is the train for Windsor?

- Which platform is for the train 915?
  915번 열차 플랫폼이 몇 번이죠?
- Which platform does the train to Brighton depart from?
  어느 플랫폼에서 브라이튼행 기차가 출발합니까?

윈저까지 몇 정거장 남았습니까?
How many more stops to Windsor?

- How many stops before I get off for Winsor?

Travel words

역 station
입구 entrance
선로 railroad
지정석 reserved seat
플랫폼 platform
안내방송 announcement
편도 one way
연착 delay
객차(객실) coach

지하철 subway
탑승 boarding
레일패스 rail pass
자유석 non-reserved seat
손잡이 ring
환승 transfer
왕복 round trip
급행 express

필수패턴

Could I
- have a train timetable?
  열차 시각표를 얻을 수 있을까요?
- have your name and phone number?
  성함과 전화번호를 알려주시겠습니까?
- get your card, please?
  명함 한 장 주시겠어요?
- talk to you for a minute?
  잠시 시간 좀 내주시겠어요?
- ask you a couple of questions?
  몇 가지 질문을 해도 될까요?

On the street

버스 타기

윈저성을 여유롭게 둘러보고 기차를 타고 다시 워털루 역으로 돌아온 황 사장, 쇼핑을 위해 브라이턴(Brighton)으로 버스를 타고 가려고 합니다. 행인에게 근처에 버스 정류장이 있는지 물어봅니다.

❶ 실례합니다. 어디에서 버스를 탈 수 있습니까?

행인 **You can get on a bus in front of that building.**
버스는 저 건물 앞에서 탈 수 있습니다.

버스 정류장에 도착해서 노선도를 살피던 황 사장, 근처에 있는 젊은 학생에게 묻습니다.

❷ 브라이턴으로 가려면 어떤 버스를 타야 하나요?

학생 **A No. 70 bus will get you there.**
70번 버스가 그곳에 갑니다.

황 사장, 일행과 함께 70번 버스를 기다립니다. 다행히 금방 버스가 오는 모습이 보이네요. 버스에 올라타기 전에 운전사에게 다시 한번 묻습니다.

❸ 이 버스는 브라이턴에 가나요?

운전사　**Yes, sir.**
　　　　네, 손님.

일행과 함께 버스에 올라탄 황 사장, 운전사에게 물어 차비를 지불합니다.

❹ 요금은 얼마입니까?　　　　　　　　　　　　　　　🗣 fare 요금

운전사　**20 pounds per person.**
　　　　1인당 20파운드입니다.

시내버스를 처음 타 본 황 사장, 목적지를 지나칠까 걱정이 됩니다. 그래서 운전사 근처 자리에 앉아서 목적지에 도착하면 알려달라고 부탁을 합니다.

❺ 브라이턴에 도착하면 알려주시겠습니까?

운전사　**Sure.**
　　　　그러지요.

부탁을 하니 마음이 놓이는군요. 황 사장은 일행과 조용히 대화를 나누며 브라이턴으로 갑니다.

❶ Excuse me, where can I get on a bus?　❷ Which bus should I take to Brighton?　❸ Does this bus go to Brighton?　❹ What's the fare?
❺ Could you please tell me when we arrive at Brighton?

황 사장의 정리노트

버스는 저 건물 앞에서 탈 수 있습니다.
You can get on a bus in front of that building.

- The bus stop is right across the bank.
  은행 바로 건너편에 버스 정류장이 있습니다.

70번 버스가 그곳에 갑니다.
A No. 70 bus will get you there.

- Take bus number 125 on the other side of the street.
  길 건너편에서 125번 버스를 타세요.

1인당 20파운드입니다.
20 pounds per person.

- 화폐의 단위는 각 나라별로 영국은 pound, 유럽연합은 euro, 미국은 dollar, 일본은 yen, 중국은 yuan, 필리핀은 peso, 인도는 rupee를 씁니다.

어디에서 버스를 탈 수 있습니까?
Where can I get on a bus?

- take a bus, get on a bus, take a ride in a bus, ride a bus, board a bus 버스를 타다
  get off a bus 버스에서 내리다
  miss a bus 버스를 놓치다

이 버스는 브라이턴에 가나요?
Does this bus go to Brighton?

- Is this the right bus for downtown?
  이 버스가 다운타운 가는 버스 맞나요?

브라이턴에 도착하면 알려주시겠습니까?
Could you please tell me when we arrive at Brighton?

- Will you let me know when I arrive there?
  거기 도착하면 알려주시겠어요?
- Please inform me when we get there.
  거기 도착하면 제게 알려주세요.

Travel words

버스 기사 bus driver	승객 passenger
버스 정류장 bus stop	버스 노선표 bus route map
마을 버스 local bus	장거리 버스 long distance bus
시내 버스 city bus	2층 버스 double-decker bus
관광 버스 tour bus	도착 시간 arrival time
휴게소 rest stop	주차 금지 no parking
직행 direct	출발 시간 departure time
종점 last stop	일방통행 one way

필수패턴

Could you please tell me

- when we arrive at Brighton?
  브라이턴에 도착하면 알려주시겠어요?
- when we get there?
  우리가 그곳에 도착하면 알려주실래요?
- what happened?
  무슨 일이 있었는지 설명해 주실래요?
- how to get to City Hall?
  시청 가는 방향을 알려주실래요?

▶ 정중하게 요청하는 표현으로 다양하게 활용할 수 있습니다.

On the street

TOP 5 EXPRESSIONS

1. 택시 한 대 불러주시겠어요?

2. 워털루 역까지 가주세요.

3. 어디에서 표를 살 수 있습니까?

4. 브라이턴으로 가려면 어떤 버스를 타야 하나요?

5. 브라이턴에 도착하면 알려주시겠습니까?

❶ Would you call a taxi for me, please? ❷ Please take me to the Waterloo station.
❸ Where can I buy a ticket? ❹ Which bus should I take to Brighton? ❺ Could you please tell me when we arrive at Brighton?

CHAPTER 7
Go shopping

쇼핑하기 | 구매하기, 계산하기, 환불하기

Go shopping

매장 찾기

브라이턴에 도착한 황 사장, 해안 휴양지로 유명한 도시라서 그런지 어디선가 바다 냄새가 나는 것 같습니다. 해변은 나중에 가보고 일단 역 근처에 있다는 대형 쇼핑몰을 찾아가보려고 합니다.

❶ 실례합니다. 근처에 쇼핑몰이 있습니까?

행인   It's just across the street.
       길만 건너면 돼요.

Thank you ~! 길을 건너자마자 Churchill Square Shopping Centre라는 큰 쇼핑몰이 보이네요. 쇼핑몰에 들어선 황 사장, 일단 몇 시까지 영업을 하는지 묻습니다.

❷ 영업 시간은 어떻게 됩니까?    What are ~

직원   We are open from 10:00 a.m. to 8:00 p.m.
       영업 시간은 오전 10시부터 오후 8시까지입니다.

아직 시간은 충분하네요. 황 사장은 일행과 한 시간 후에 1층에서 다시 만나기로 하고 사려고 했던 지갑을 보러 갑니다. 물론 쇼핑몰 직원에게 매장의 위치를 물어보는 게 제일 빠르겠죠?

❸ 지갑은 몇 층에 있습니까?   💋 What floor is ~

직원 **They are on the second floor, sir.**
2층에 있습니다. 손님.

2층으로 가려는데 에스컬레이터가 보이질 않네요.

❹ 에스컬레이터는 어디에 있나요?

직원 **It's in that corner over there.**
저쪽 모퉁이에 있습니다.

에스컬레이터를 타고 2층으로 올라가니 여러 가지 종류의 의류와 가죽 제품을 팔고 있군요. 황 사장, 천천히 매장의 상품들을 둘러보면서 지갑 매장을 찾아갑니다.

❶ Excuse me, is there a shopping mall near here? ❷ What are your business hours? ❸ What floor are wallets on? ❹ Where is the escalator?

황 사장의 정리노트

길만 건너면 돼요.
It's just across the street.
- Cross the street and turn right.
  길을 건너 오른쪽으로 가세요.
- It'll be across the street on your left.
  길 건너 왼쪽에 있습니다.

영업 시간은 오전 10시부터 오후 8시까지입니다.
We are open from 10:00 a.m. to 8:00 p.m.
- Our business hours are from ten to eight.

저쪽 모퉁이에 있습니다.
It's in that corner over there.
- It's over there.
  그건 저쪽에 있어요.
- It's right over there.
  바로 저쪽에 있습니다.

근처에 쇼핑몰이 있습니까?
Is there a shopping mall near here?
- Is there a shopping mall around here?

영업 시간은 어떻게 됩니까?
What are your business hours?
- What are their business hours?
  그 상점의 영업 시간이 어떻게 되나요?
- When do you open?
  영업 시작 시간이 어떻게 되나요?

에스컬레이터는 어디에 있나요?
Where is the escalator?
- take the escalator up[down]
  에스컬레이터를 타고 올라가다[내려가다]

Travel words

사다 buy
팔다 sell
티셔츠 t-shirt
스웨터 sweater
카디건 cardigan
청바지 jeans
치마 skirt
반바지 shorts
코트 coat
외투 overcoat
모직 wool
면 cotton

백화점 department store
쇼핑몰 shopping mall
면세점 duty-free store
선물 가게 gift shop
보석 가게 jewelry store
기념품 가게 souvenir shop
슈퍼마켓 supermarket
전자제품 매장 electronics store
식료품점 grocery store
주류점 liquor store
시계 watch
액세서리 accessory

Go shopping

구매하기

지갑 매장을 찾아가던 중 의류 매장을 보게 된 황 사장, 마네킹에 입혀놓은 셔츠를 보니 아들이 생각나네요. 아들 선물을 사야겠다 싶어서 매장으로 들어갑니다. 직원이 반갑게 인사를 건네는군요.

직원   **May I help you?**
무엇을 도와드릴까요?

❶ 저걸로 보여주시겠어요?

황 사장이 마네킹을 가리키자 직원이 잠시 후 가져오네요. 가져온 셔츠를 살펴보니 색이 마음에 들지 않습니다.

❷ 옷 색깔이 마음에 들지 않는군요.   💋 I don't like ~

직원   **Which color would you like?**
어떤 색이 좋으세요?

잠시 고민하던 황 사장, 아들이 파란색을 좋아하는 것을 떠올리며 파란색으로 사가기로 합니다.

❸ 이거 파란색으로 있어요?

직원   I'm sorry sir. We don't have it in that color.
How about this white one?
죄송합니다, 손님. 그 색상으로는 없는데요. 하얀색은 어떠세요?

하얀색도 나빠 보이지는 않는군요. 황 사장, 그냥 하얀색으로 구매하려고 합니다. 키가 큰 아들이라 large 사이즈로 달라고 합니다.

❹ 큰 사이즈로 하나 주세요.

직원   Yes, sir. Thank you.
네, 손님. 감사합니다.

옷이 담긴 쇼핑백을 받아든 황 사장, 계산을 하려 하는데 계산하는 곳은 따로 있는 것 같네요.

❺ 계산 어디서 해요?

직원   Please pay at the cashier over there.
저쪽 계산대에서 계산하십시오.

계산대를 보니 사람들이 줄을 서 있네요. 황 사장도 셔츠를 받고 기뻐할 아들을 생각하며 줄을 서서 차례를 기다립니다. 계산을 끝내면 지갑을 사러 가야겠네요.

❶ Would you show me that one? ❷ I don't like the color of this shirts.
❸ Do you have this in blue? ❹ One in large size, please.
❺ Where should I pay?

황 사장의 정리노트

들은 표현

어떤 색이 좋으세요?
Which color would you like?

- What can I show you?
  무엇을 찾으세요?
- Which size do you like?
  어떤 사이즈를 원하세요?

그 색상으로는 없는데요.
We don't have it in that color.

- The item is out of stock.
  그 상품은 재고가 없습니다.
- We're all sold out.
  품절되었습니다.

하얀색은 어떠세요?
How about this white one?

- How about this dress? It just came in.
  이 드레스 어떠세요? 신상품입니다.
- Well, there's this style. It's the latest.
  이런 스타일은 어떠세요? 최신 유행입니다.

말한 표현

저걸로 보여주시겠어요?
Would you show me that one?

- Please show me that.
  저걸로 보여주세요.

옷 색깔이 마음에 들지 않는군요.
I don't like the color of this shirts.

- I don't like it.
  그건 마음에 들지 않아요.
- I don't like the stripes on the sides.
  양옆의 줄무늬가 마음에 들지 않아요.

계산 어디서 해요?
Where should I pay?

- Where can[do] I pay?

Travel words

사이즈 size
작은 small
헐렁한 loose
넓은 wide
체크 무늬 check
단색의 solid

면세 tax free
긴 long
꽉 끼는 tight
두터운 thick
줄무늬 striped
가죽 leather

큰 big
짧은 short
폭이 좁은 narrow
얇은 thin

필수패턴

I don't like {
the color of this shirts. 옷 색깔이 마음에 들지 않는군요.
the stripes on the sides. 양옆의 줄무늬가 마음에 들지 않아요.
dull yellow. 난 우중충한 노란색을 좋아하지 않습니다.
either camera. 두 카메라 모두 마음에 안 드는군요.
polka-dots. 난 물방울 무늬는 싫어합니다.

▶ 물건이 마음에 들지 않을 때 I don't like ~를 활용하세요.

Go shopping

교환하기

지갑 매장에서도 저렴한 가격으로 마음에 드는 지갑을 구입한 황 사장, 약속 시간이 되어 1층으로 일행을 만나러 갑니다. 일행들은 벌써 와서 기다리고 있군요. 일행 중 한 명이 산 기념품의 유리가 조금 깨져 있어서 교환을 해야 할 상황, 황 사장이 동행합니다.

직원 **Can I help you?**
무엇을 도와드릴까요?

❶ 여기서 이것을 샀는데요.

황 사장, 물건을 내밀며 교환하고 싶다고 말합니다.

❷ 이것을 교환하고 싶습니다.   exchange 교환하다

직원 **May I ask what the problem is?**
뭐가 문제인지 여쭤봐도 될까요?

교환하는 이유를 묻는군요. 황 사장, 제품에 문제가 있다고 얘기합니다.

❸ 여기에 흠집이 있습니다.

직원 **Oh, is it?**
아, 그런가요?

직원이 물건을 받아들고 살펴봅니다.

직원　**I'm sorry, sir.
What would you like to exchange it with?**
죄송합니다, 손님. 어떤 걸로 바꾸고 싶으세요?

❹ 저것으로 교환해 주세요.

미리 봐둔 다른 기념품으로 바꾸려 하자 직원이 영수증을 달라고 합니다.

직원　**Do you have the receipt?**
영수증을 가지고 있습니까?

❺ 예, 여기 있습니다.

교환까지 모든 쇼핑을 마친 황 사장, 기분 좋게 일행과 쇼핑몰을 나섭니다.

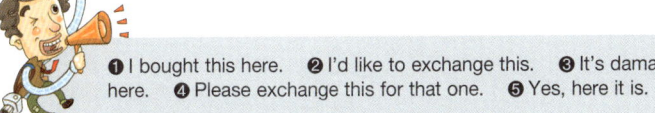
❶ I bought this here.　❷ I'd like to exchange this.　❸ It's damaged here.　❹ Please exchange this for that one.　❺ Yes, here it is.

황 사장의 정리노트

 들은 표현

뮈가 문제인지 여쭤봐도 될까요?
May I ask what the problem is?
- Can I ask for what reason?

죄송합니다. 어떤 걸로 바꾸고 싶으세요?
I'm sorry. What would you like to exchange it with?
- exchange 교환
  refund 환불
  return 반품

영수증을 가지고 있습니까?
Do you have the receipt?
- Could you give me the receipt, please?
  영수증 좀 부탁합니다.

 말한 표현

이것을 교환하고 싶습니다.
I'd like to exchange this.
- I want to exchange this.

여기에 흠집이 있습니다.
It's damaged here.
- There's a scratch on the CD.
  CD 표면에 흠이 있습니다.
- There's a defect in the material.
  천에 흠이 있습니다.

저것으로 교환해 주세요.
Please exchange this for that one.
- Please exchange this for that green sweater.
  이걸 저 초록색 스웨터로 교환해 주세요.
- Change it to another one, please.
  다른 것으로 교환해 주세요.

Travel words

교환 exchange	환불 refund
배달 deliver	주문 order
포장 wrap	보증서 warranty
금이 간 cracked	망가진 broken
결함 defect	문제 problem
구멍 hole	지퍼 zipper
지불 payment	쿠폰 coupon
수표 check	여행자 수표 traveler's check
교환권 store credit	영수증 receipt
선물을 포장하다 gift-wrap	정찰가 fixed price
영업 시간 business hours	
재고정리 세일 clearance sale	

필수패턴

It's {
damaged here. 여기에 흠집이 있습니다.
broken. 망가졌습니다.
dirty. 더럽습니다.
ripped. 찢어졌습니다.
cracked. 금이 갔습니다.
}

▶ 물건의 흠집을 지적할 때 It's ~를 써서 말합니다. 교환하려는 이유를 말하고 영수증을 제시해야 물건을 교환할 수 있습니다.

Go shopping

TOP 5 EXPRESSIONS

1. 근처에 쇼핑몰이 있습니까?

2. 지갑은 몇 층에 있습니까?

3. 에스컬레이터는 어디에 있나요?

4. 이거 파란색으로 있어요?

5. 이것을 교환하고 싶습니다.

---

❶ Is there a shopping mall near here? ❷ What floor are wallets on?
❸ Where is the escalator? ❹ Do you have this in blue? ❺ I'd like to exchange it.

CHAPTER 8

Return home

귀국하기 | 분실, 예약 재확인, 귀국하기

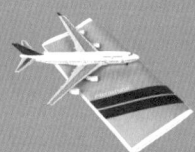

Return home

분실

쇼핑을 마치고 호텔로 돌아온 황 사장, 호텔 로비에 앉아 일행들과 얘기를 나눈 후 객실로 올라갑니다. 짐 정리를 하는데 오늘 산 지갑이 보이질 않네요. 이런, 쇼핑백을 로비에 두고 온 모양입니다. 서둘러 다시 로비로 내려갑니다.

로비에 도착해서 아까 앉았던 의자와 테이블을 살펴봐도 쇼핑백이 보이질 않는군요. 호텔 프런트에 얘기해 보는 것이 좋을 것 같네요.

❶ 제 쇼핑백을 잃어버렸습니다.

직원 **Where did you lose it?**
어디서 잃어버리셨어요?

황 사장, 로비 의자 위에 두었다고 얘기합니다.

❷ 로비 의자에 두었는데요. 　　　　　　👄 I left it ~

직원 **What color is your bag?**
가방이 무슨 색입니까?

무슨 색이었더라? 쇼핑백이 짙은 갈색이라 고풍스럽고 고급스러웠던 생각이 납니다.

❸ 짙은 갈색입니다.

직원　**When did you lose it?**
　　　언제 잃어버리셨습니까?

조금 전에 잃어버렸다고 해야겠죠?

❹ 조금 전에요.

직원　**Please wait a second.**
　　　잠시만 기다리세요.

잠시 후에 호텔 직원이 가방을 들고 나옵니다.

직원　**Is this your bag?**
　　　이것이 손님 가방입니까?

❺ 네, 제 가방입니다. 감사합니다.

다행히 다른 사람이 집어가진 않았군요. 황 사장, 기쁜 마음으로 객실로 돌아옵니다.

❶ I lost my paper bag.　❷ I left it on a chair in the lobby.
❸ It's dark brown.　❹ A little while ago.　❺ Yes, it's mine. Thank you.

황 사장의 정리노트

 들은 표현

 말한 표현

어디서 잃어버리셨어요?
Where did you lose it?

- Do you have any idea where you lost it?
  어디에서 잃어버렸는지 짐작 가는 곳이 있으십니까?
- Where do you think you lost it?
  그걸 어디서 잃어버렸다고 생각하세요?

언제 잃어버리셨습니까?
When did you lose it?

- When did you lose your bag?
  언제 가방을 잃어버리셨어요?

잠시만 기다리세요.
Please wait a second.

- Could you wait for a moment?
  잠시만 기다려 주시겠어요?
- Do you mind waiting here for a second?
  여기서 잠시 기다려 주시겠습니까?

제 쇼핑백을 잃어버렸습니다.
I lost my paper bag.

- I lost my receipt.
  영수증을 잃어버렸어요.
- I've lost the room key.
  방 열쇠를 잃어버렸어요.

로비 의자에 두었는데요.
I left it on a chair in the lobby.

- put, set, place   어떤 장소에 두다
  leave   남겨두다
  keep   일정한 상태로 있게 하다

조금 전에요.
A little while ago.

- He left just a while ago.
  그 사람은 조금 전에 갔어요.

128

Travel words

도둑 thief
분실 lost
경찰서 police station
대사관 embassy
귀중품 valuables
신분증 ID card
주소 address
가방 bag
현금 cash
현지 화폐 local currency
개인 소지품 belongings

강도 robber
도난 stolen
소매치기 pickpocket
전화카드 calling card
분실물 센터 lost and found
전화번호 phone number
수첩 pocketbook
약 medicine
감기약 cold medicine
우산 umbrella

필수패턴

I lost
- paper bag. 제 쇼핑백을 잃어버렸습니다.
- passport. 제 여권을 잃어버렸습니다.
- my bag. 제 가방을 잃어버렸습니다.
- credit cards. 제 신용카드를 잃어버렸습니다.
- purse. 제 지갑을 잃어버렸습니다.
- airline ticket. 제 항공권을 잃어버렸습니다.

▶ 해외여행에서 여권이나 지갑을 잃어버리지 않도록 조심하고 또 조심해야 하지만 혹시나 잃어버렸을 경우에는 I lost ~를 이용해서 얘기하고 대처방안을 마련하도록 합시다.

Return home

예약 재확인

이런저런 사건도 많고 어려움도 있었지만 비교적 행복하고 즐거웠던 런던에서의 시간도 이제 끝나가네요. 드디어 내일이면 출국을 해야 하는 황 사장, 항공 예약을 재확인하기 위해 전화를 겁니다.

직원   **How can I help you?**
무엇을 도와드릴까요?

아무리 시간이 지나도 얼굴을 보지 않고 말해야 하는 전화통화는 여전히 떨리는군요. 황 사장, 목소리를 다시 한번 가다듬고 말합니다.

❶ 예약을 확인하려고 합니다.   💋 I'd like to ~

직원   **What's your reservation number?**
예약번호를 알려주시겠습니까?

알파벳과 숫자는 쉬워도 정신 차리고 잘 말해야 합니다. 떨지 말고 정확한 발음으로 자신 있게!

❷ 예약번호는 JVN 89입니다.

직원   **Could you tell me your name and flight number?**
이름과 항공편명을 알려주시겠습니까?

이름과 항공편이라… 황 사장 손에 들고 있는 티켓을 보며 대답합니다.

❸ 이름은 황정원이고 항공편은 인천행 AF 1681입니다.

직원　　**When are you leaving?**
　　　　출발일이 언제시죠?

출발일이 내일이니 날짜를 말하면 되겠죠?

❹ 7월 15일입니다.　　　　　　　　　　　　　　　 On ~

직원　　**Your reservation is confirmed.**
　　　　예약이 확인되었습니다.

항공편 재확인도 끝내고 슬슬 짐을 싸는 황 사장, 맡길 짐과 기내에 들고 들어갈 짐을 구분하여 정리합니다.

❶ I'd like to confirm my reservation.　❷ My reservation number is JVN 89　❸ My name is Chung-won Whang and my flight number is AF 1681 for Incheon.　❹ On July 15th.

황 사장의 정리노트

들은 표현

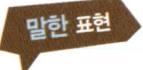
말한 표현

예약번호를 알려주시겠습니까?
What's your reservation number?
- May I have your reservation number, please?

예약을 확인하려고 합니다.
I'd like to confirm my reservation.
- I'm calling in to confirm my reservation.

이름과 항공편명을 알려주시겠습니까?
Could you tell me your name and flight number?
- airline ticket; plane ticket 항공권 / air route 항공 노선 / airline 항공사 / airfare 항공 요금 / flight 항공편

예약번호는 JVN 89입니다.
My reservation number is JVN 89.
- I made a reservation. This is the confirmation number.
  예약을 했습니다. 이것이 예약 확인번호입니다.

예약이 확인되었습니다.
Your reservation is confirmed.
- Your flight is confirmed.
- You are confirmed on your flight.

이름은 황정원이고 항공편은 인천행 AF 1681입니다.
My name is Chung-won Whang and my flight number is AF 1681 for Incheon.
- a scheduled flight 정기적으로 운행하는 항공편 / a direct flight 직행 항공편 / interline flights 갈아타는 항공편

Travel words

직항의 direct
예약 reservation
확인하다 confirm
공항세 airport tax
취급 주의 handle with care
창가 좌석 window seat
마일리지 mileage
반입 금지품 prohibited articles

탑승 시간 boarding time
예약이 마감되다 fully booked
전자티켓 e-ticket
항공권 flight ticket
파손 주의 fragile
통로측 좌석 aisle seat

필수패턴

On {
January 1st 1월 1일
March 3rd 3월 3일
May 5th 5월 5일
July 7th 7월 7일
September 9th 9월 9일
November 11th 11월 11일
}

February 2nd 2월 2일
April 4th 4월 4일
June 6th 6월 6일
August 8th 8월 8일
October 10th 10월 10일
December 12th 12월 12일

▶ 예약 날짜 앞에 On을 붙여서 대답할 수 있습니다.

Return home

귀국하기

드디어 귀국하는 날. 적어도 3시간 전에는 공항에 도착해야 여유롭게 면세점이라도 둘러볼 수 있다는 아들의 말을 기억하고 서두른 덕분에 이른 시간에 공항에 도착한 황 사장, 탑승 수속을 합니다.

---

❶ 체크인이요.

직원　**Can I have your passport and your ticket?**
　　　여권과 항공권을 주시겠습니까?

여권과 항공권을 데스크의 항공사 직원에게 건네주니 창가 쪽과 통로 쪽 중 어느 자리를 원하느냐고 묻는군요.

직원　**Would you like a window or an aisle seat?**
　　　창가 쪽과 통로 쪽 중에 어느 좌석을 드릴까요?

화장실 가기가 좀 불편하지만 창가 쪽이 더 끌리는 황 사장, 창가 쪽으로 선택합니다.

❷ 창가 쪽 좌석 주세요.

직원　**Do you have any luggage to check in?**
　　　부치실 짐이 있으신가요?

황 사장, 큰 가방은 부치고 하나는 기내에 들고 가려고 합니다.

❸ 가방 하나 부칠게요.

직원　**Would you put your bag on the scale, please?**
　　　짐을 저울 위에 좀 놓아 주시겠습니까?

가방을 올리니 다행히 무게가 초과하지 않았군요. 저녁에 미리 짐을 분산해서 정리한 것이 도움이 되었네요.

직원　**Here's your boarding pass, claim tag and passport.**
　　　여기 탑승권과 수하물 보관증, 여권입니다.

고맙다고 얘기하고 탑승권을 건네받은 황 사장, 탑승 시간을 묻습니다.

❹ 탑승은 언제 시작하나요?　　　　　　　　　　When does ~

직원　**Boarding begins thirty minutes before the departure time.**
　　　탑승은 출발 시각 30분 전에 시작합니다.

여유롭게 면세점 쇼핑을 마치고 무사히 귀국 비행기에 오른 황 사장, 그간의 여행의 피로가 몰려오네요. 런던에서의 추억들을 떠올리며 조용히 잠을 청합니다.

❶ Check in, please.　　❷ I'd like an window seat, please.
❸ I have one bag to check in.　　❹ When does boarding begin?

황 사장의 정리노트

들은 표현

여권과 항공권을 주시겠습니까?
Can I have your passport and your ticket?

- Show me your passport and ticket, please.
  여권과 티켓 좀 보여주세요.

부치실 짐이 있으신가요?
Do you have any luggage to check in?

- Number of bags to check?
  부칠 가방 개수가 어떻게 됩니까?
- How many bags do you want to check in?
  가방을 몇 개나 부치시려고 합니까?

탑승은 출발 시각 30분 전에 시작합니다.
Boarding begins thirty minutes before the departure time.

- Boarding starts at 5:35.
  탑승은 5시 35분에 시작합니다.
- Boarding will begin at 4:30 at Gate 15.
  탑승은 4시 30분, 15번 탑승구에서 시작됩니다.

말한 표현

체크인이요.
Check in, please.

- Please check me in for my flight.
  제 탑승 수속을 부탁합니다.

창가 쪽 좌석 주세요.
I'd like an window seat, please.

- Please give me a aisle seat.
  통로 쪽 좌석 주세요.
- Can you give me a seat by the window?
  창가 쪽 좌석으로 주시겠어요?

가방 하나 부칠게요.
I have one bag to check in.

- I need to check in one suitcase.
  부칠 가방이 한 개 있어요.

탑승은 언제 시작하나요?
When does boarding begin?

- What time do you start boarding?
  몇 시에 탑승 시작하나요?

Travel words

체크인 check in
탑승권 boarding pass
탑승 구역 boarding area
대합실 waiting room
세관 customs
검역 quarantine
세관검사관 customs officer
입국 심사대 immigration counter

카운터 ticket counter
수하물 보관증 claim tag
탑승구 boarding gate
카트 luggage carrier
휴대품 검사 carry-on check
세관 검사 customs inspection

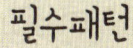

When does {
boarding begin?
탑승은 언제 시작하나요?
the next flight to Seoul leave?
서울행 다음 비행기는 언제 있나요?
the sale start? 언제부터 세일하나요?
it start? 그건 언제 시작해요?

Return home

TOP 5 EXPRESSIONS

1. 제 쇼핑백을 잃어버렸습니다.

2. 예약을 확인하려고 합니다.

3. 예약번호는 JVN 89입니다.

4. 창가 쪽 좌석 주세요.

5. 가방 하나 부칠게요.

❶ I lost my paper bag. ❷ I'd like to confirm my reservation. ❸ My reservation number is JVN 89. ❹ I'd like an window seat, please. ❺ I have one bag to check in.

PART 2

어디서나 유용한 **영어표현모음**

On the plane

기내에서

● 기내 입구

실례지만 제 좌석은 어디에요?	Excuse me, but where is my seat?
이게 제 탑승권입니다.	Here's my boarding pass.
38E 자리는 어디에요?	Where is 38E?
탑승권을 보여주시겠습니까?	May I see your boarding pass, please?
손님 좌석은 28K입니다.	Your seat number is 28K.
창문 쪽 좌석입니다.	It's the window seat.
통로 오른쪽으로 가십시오.	Take the aisle to the right.
이 통로를 이용하세요.	Use the aisle, please.
이 통로로 쭉 가세요.	Walk down this aisle, please.
통로를 따라 쭉 가시면 됩니다.	Walk along the aisle, please.
저 신사분을 따라가세요.	Follow that gentleman, please.
제 좌석은 저 여자분 옆입니까?	Is my seat next to that lady's?
지나가도 되겠습니까?	May I go through?

● 기내 좌석

좌석 번호가 어떻게 되세요?	What's your seat number, sir?
죄송하지만, 여긴 제 좌석인 것 같은데요.	Excuse me, but I think this is my seat.
창가 좌석이 제 자리인 것 같습니다.	I believe the window seat is mine.
붙어있는 빈 좌석이 없을까요?	Do you any empty seats together?
좌석 좀 바꿀 수 있을까요?	Could I change my seat?
저랑 좌석 좀 바꿔 주실래요?	Would you mind trading seats with me?
제 자리 같은데요. 탑승권을 봐도 될까요?	I think this is my seat. Could I see your boarding pass?
이것이 제 탑승권인데 28C라고 되어 있습니다.	Here's my boarding pass, and it says 28C.
저기가 제 좌석입니다. 들어가도 되겠습니까?	That's my seat. May I get in?
의자 좀 앞으로 세워주시겠어요?	Would you mind putting your seat upright?
좌석을 원래 위치로 해 주십시오.	Please return your seat back.
좌석 벨트를 매 주십시오.	Please fasten your seat belt.
간이 테이블을 바로 해 주십시오.	Put your tray table up, please.
제 좌석이 고장입니다.	My seat doesn't work.

On the plane

기내에서

이것 좀 도와주시겠어요?	Could you help me with this?
이것을 머리 위 수하물 선반에 넣어 드릴까요?	Shall I put this in the overhead bin?
어떻게 하면 머리 위의 불을 켤 수 있습니까?	How do I turn on the overhead light?

● 기내식

식사는 언제 나옵니까?	What time do you serve the meal?
치킨으로 하시겠습니까, 아니면 쇠고기로 하시겠습니까?	Would you like chicken, or beef?
치킨 주세요.	Chicken, please.
식사는 다 하셨습니까?	Are you through with your meal?
음료는 무엇으로 하시겠습니까?	What would you like to drink?
어떤 음료가 있습니까?	What kind of beverages do you have?
커피 드시겠습니까?	Would you like some coffee?
크림이나 설탕을 넣으실 건가요?	Would you care for some cream or sugar?

음료 드시겠습니까?	Would you care for a drink? / Will you care for something to drink?
혹시 우유 있나요?	Do you have milk by any chance?
다이어트 음료는 있나요?	Do you have any diet drinks?
물 좀 주시겠어요?	Can I get some water?
고추장 좀 주실래요?	Do you have red pepper paste?
커피를 한 잔 더 주시겠습니까?	May I have another cup of coffee?
땅콩 좀 더 주시겠어요?	Could I have some more peanuts?
여기 있습니다.	Here you are.
이것 좀 치워 주시겠어요?	Could you take this away?

● 기내 쇼핑

이제 면세품 판매 서비스를 시작하겠습니다.	We will now begin our duty-free service.
면세 물품 목록을 보고 싶으시면 저희에게 말씀해 주시기 바랍니다.	Please let us know if you want to see a duty-free catalog.
현금이나 신용카드 모두 받습니다.	We accept cash or credit.
면세품 사시겠습니까?	Would you like any duty free items?
원화로 지불해도 되나요?	Can I pay in Korean currency?

On the plane

기내에서

면세품 목록을 보여주시겠어요?	Can I see the list of duty-free items, please?
신용카드 되나요?	Do you take credit card?
위스키는 몇 병을 면세로 영국으로 가지고 들어갈 수 있습니까?	How many bottles of whiskey can I take to England without paying duty?
담배는 두 보루까지 면세입니다.	Up to two cartons of cigarettes are allowed duty-free.
면세 품목에서는 500달러까지 면세가 됩니다.	You are entitled to $500 in duty free items.
위스키 1병 주세요.	Can I have a bottle of whisky, please?
담배 두 보루 주세요.	I'd like two cartons of cigarettes.
얼마입니까?	How much is it? / How much are they?

● 기내 요구

몸이 좋지 않습니다	I feel sick. / I'm not feeling well.
구토가 납니다.	I feel nauseated.
머리가 아픕니다.	I have a headache.

아스피린 있나요?	Do you have any aspirin?
멀미약 좀 주시겠어요?	Could I have some medicine for nausea?
담요 좀 주실래요?	Could I have a blanket, please?
(구토용) 봉지 좀 주실래요?	May I have an airsickness bag?
이거 어떻게 켜나요?	Could you tell me how to turn it on?
한국어 신문 있나요?	Do you have a Korean paper?
불이 안 켜집니다.	I don't know how to turn on the light.
오늘의 영화는 무엇입니까?	What's today's movie?
헤드폰이 고장이에요.	These headphones don't work.
읽을 만한 것이 있나요?	Do you have anything I could read?
맥주를 주시겠습니까?	Can I have a beer?
정시에 도착 예정입니까?	Are we going to arrive on time?
이 비행기는 얼마나 늦어집니까?	How long will this flight be delayed?
입국신고서 한 장만 주시겠어요?	Can I get a Disembarkation Card, please?
이 신고서 어떻게 작성하나요?	How do I fill out this form?
출입국신고서 좀 주시겠어요?	May I have an immigration form?
한 장 더 주시겠어요?	Can I have one more?

At the airport

공항에서

● **비행기 갈아타기**

저는 비행기를 갈아타야 합니다.	I have to take a connecting flight.
전 런던행 환승객입니다.	I'm a transit passenger for London.
노스웨스트 항공 30편으로 갈아타려고 합니다.	I'm connecting to Northwest Flight 30.
갈아타는 데가 어디죠?	Where is the transit counter?
연결편 탑승구는 어느 쪽인가요?	Where do I go to change planes?
연결편 탑승은 어디서 하나요?	Where do I go to catch my connection?
몇 번 게이트로 가야 하나요?	Which gate should I go to?
연결편 탑승은 15번 게이트입니다.	You have to go to gate 15 for your connecting flight.
제가 탈 항공편은 어디에서 확인할 수 있죠?	Where can I confirm my flight?
15번 탑승구가 어디에 있나요?	Where is gate 15?
탑승 시간은 몇 시부터입니까?	What time does boarding begin?
비행기를 몇 번 갈아타야 합니까?	How many times do I have to change planes?
최종 목적지가 어디십니까?	What is your final destination?

파리로 가시는 승객들께서는 14번 게이트로 가십시오.	Those passengers who are bound for Paris should go to gate 14.
저 표시를 따라가세요.	Follow that sign, please.
저 모니터에서 확인해 주십시오.	You can check it on those monitors.
계단을 내려가서 버스를 타십시오.	Go downstairs and take a bus.

● 비행기 놓쳤을 때

제가 갈아탈 비행기를 놓친 것 같은데요.	I think I missed my connecting flight.
연결편을 놓쳤습니다. 어떻게 하죠?	I've missed my connecting flight. What can I do?
제 비행기가 서울에서 지연되는 바람에 연결 비행기를 놓쳤어요.	My flight was delayed in Seoul so I missed my connecting flight.
브라질행 200편 비행기를 놓쳤습니다.	I missed Flight 200 to Brazil.
브라질로 가는 연결편이 있습니까?	Is there a connection to Brazil?
제 비행기가 연착해서 갈아탈 비행기까지 제 시간에 못 갔어요.	My flight was delayed so I couldn't get to my connecting flight on time.
비행기가 연착하는 바람에 갈아탈 비행기를 놓쳤어요.	I missed my connecting flight because my first flight landed late.
가능한 거기 빨리 가야 돼요.	I need to get there as soon as possible.

At the airport

공항에서

탑승이 지연되고 있습니다.	We're experiencing delays.
불편을 끼쳐드려서 대단히 죄송합니다.	We are terribly sorry for the inconvenience.
다음 편에 좌석을 잡아 드리겠습니다.	We'll put you on the next flight.
저희 항공사에서 손님의 호텔 비용과 약간의 경비를 지급해 드리겠습니다.	We will provide a hotel room and some spending money.

● 입국 심사

입국 심사대는 어디에 있죠?	Where is immigration?
입국신고서를 작성해 주십시오.	Please fill out your Disembarkation Card.
출입국 신고서 쓰는 법을 좀 가르쳐 주세요.	Please show me how to fill in my immigration card.
저쪽에서 입국 수속을 밟으세요.	Please apply for entry on that side.
여권을 주십시오.	Your passport, please.
여권 좀 보여주시겠습니까?	May I see your passport, please?

여기 있습니다.	Here you are.
방문 목적이 무엇입니까?	What's the purpose of your visit?
관광입니다.	Sightseeing.
언니를 만나러 왔습니다.	I'm here to visit my sister.
공부하러 왔습니다.	For study.
그냥 여행하려고요.	Just traveling.
얼마나 체류하실 겁니까?	How long are you going to stay?
5일 정도입니다.	For about five days.
어디에서 묵으실 겁니까?	Where will you be staying?
시내에 있는 쉐라톤에서요.	At the Sheraton in the city.
처음 방문하시는 겁니까?	Is this your first visit?
돌아가는 항공권은 가지고 계십니까?	Do you have a return ticket?

● 짐 찾기

실례지만, 수하물 찾는 데가 어디죠?	Excuse me, where is the baggage claim?
노스웨스트 5편의 짐을 어디에서 찾을 수 있습니까?	Where can I pick up luggage from Northwest Flight 5?

At the airport

공항에서

제 짐은 어디에서 찾아야 하죠?	Where can I get my luggage?
제 여행 가방이 아직 안 나왔어요.	My suitcase hasn't come out yet.
제 가방이 콘베어벨트에 나오지 않았습니다.	My bag didn't come out on the conveyer belt.
누군가 실수로 제 수하물을 가져간 것 같습니다.	I'm afraid someone accidentally claimed my baggage.
제 수하물을 찾아 주시겠습니까?	Will you try to find my baggage for me?
카트가 있습니까?	Are there any baggage carts?
분실물 창구가 어디죠?	Where is the lost and found desk?
가방 몇 개를 분실하셨나요?	How many pieces of luggage have you lost?
수하물 보관증 갖고 계시나요?	Do you have a baggage claim tag?
가방의 특징을 알려주시겠습니까?	Could you tell me what your luggage looks like?
가방이 무슨 색입니까?	What color is your bag?

● 세관 검사

세관 신고서를 읽어보셨습니까?	Have you read the customs form?
신고할 물건이 있으십니까?	Do you have anything to declare?
가방 안을 좀 봐도 되겠습니까?	Can I look in your bag?
다른 가방은 없으신가요?	Do you have any other luggage?
술이나 담배를 가지고 있습니까?	Do you have any alcohol or cigarettes?
과일이나 육류를 가지고 있습니까?	Do you have any fruit or meat?
없습니다.	Nothing. / I have nothing to declare.
한국 전통 음식이 좀 있긴 합니다.	I just have some Korean traditional food.
모두 개인용품입니다.	These are all personal effects.
친척 선물입니다.	It's a present for my relative.

● 공항에서 정보 얻기

여행 안내소가 어디에 있나요?	Where is the tourist information office?
근처에 환전소가 있습니까?	Is there a money change around here?

At the airport

공항에서

여기서 환전이 가능합니까?	Do you handle foreign exchanges here?
환전하고 싶습니다.	I'd like to exchange money.
이걸 환전해 주시겠어요?	Could you exchange this?
환전 수수료는 얼마인가요?	How much do you charge for currency exchange?
시내 지도 좀 얻을 수 있을까요?	May I have a city map?
여기에서 시내로 가는 가장 좋은 방법은 무엇입니까?	What's the best way to get downtown from here?
공항 버스를 이용하실 수 있습니다.	Airport buses are available.
시내 중심가로 가는 버스가 있습니까?	Is there a bus to go downtown?
공항 버스는 얼마입니까?	How much does the airport limousine cost?
공항 버스는 어디에서 타나요?	Where do I get the airport bus?
공항 버스는 얼마나 자주 있습니까?	How often does the airport bus come?
이것이 공항 버스입니까?	Is this the airport bus?

버스 정류장이 어디에요?	Could you tell me where the bus stop is?
힐튼 호텔까지 요금이 얼만가요?	What's the fare to the Hilton hotel?
택시로는 시내까지 얼마나 나오나요?	How much does it cost to go downtown by taxi?
택시를 어디서 잡으면 되죠?	Where can I hail a taxi?
택시 정류장이 어디에요?	Where's the taxi stand?

In the hotel

호텔에서

● 호텔 체크인 1
  – 예약했을 때

예약하셨습니까?	Do you have a reservation?
예약했습니다.	I have a reservation.
언제 예약하셨죠?	When did you make the reservation?
방은 1324호입니다. 여기 방 열쇠 있습니다.	You're in room 1324. Here is your room key.
여행사 통해서 예약했어요.	I made my reservation through a travel agent.
예약확인서입니다.	This is the confirmation.
누구 이름으로 예약하셨나요?	Under whose name is the reservation made?
황이라는 이름으로 예약했습니다.	I have a reservation under the name of Whang.
죄송하지만 그 이름으로는 예약이 안 되어 있습니다.	I'm sorry. I don't have a reservation under that name.
죄송하지만 손님의 예약사항을 찾을 수가 없습니다.	I'm afraid I can't find your reservation.
예약이 취소되었습니다.	Your reservation was canceled.

숙박카드를 써주시겠습니까?	Could you fill out this registration card, please?
아직 방 청소가 안 되어 있습니다.	The room isn't done yet.

● 호텔 체크인 2
– 예약 없이 체크인할 때

오늘 밤 빈방 있습니까?	Do you have a room for tonight?
빈방 있어요?	Do you have any vacancies?
숙박할 방 부탁합니다.	I'd like a room for the night, please.
이틀 밤 이용할 수 있는 더블룸 있습니까?	Is there a double room available for two nights?
1박에 얼마입니까?	How much for one night?
몇 분이십니까?	How many people are in your group?
어떤 방을 원하십니까?	What type of room would you like?
트윈룸이요.	A twin room, please.
며칠 동안 묵을 예정입니까?	How long are you going to stay?
4일이요.	Four nights, please.
욕실이 있는 방으로 부탁합니다.	I'd like a room with a bath.

In the hotel

호텔에서

조용한 방 있나요?	Do you have any quiet rooms here?
오늘 밤은 방이 없습니다.	We are completely full tonight.
방값에 아침 식사가 포함됩니까?	Does the rate include breakfast?
객실요금에 뷔페식 아침 식사가 포함되어 있습니다.	Our room charge includes a free buffet breakfast.
방을 보여주시겠습니까?	Could I see the room?

● 호텔 서비스

조식은 7시부터 10시까지입니다.	Breakfast is between 7 a.m. and 10 a.m.
모닝콜 부탁드립니다.	I'd like a wake-up call, please.
7시에 모닝콜 부탁합니다.	Could you wake me up at seven tomorrow morning?
모닝콜 시간을 변경하고 싶습니다.	I'd like to change the time of the wake-up call.
모닝콜을 6시에서 7시로 바꿔주시겠어요?	Could you change my wake-up call from six to seven?
방 번호 좀 알려주세요.	Your room number, please.

아침 식사는 몇 시부터죠?	What time does breakfast start?
사용할 수 있는 팩스 있나요?	Do you have a fax machine available?
룸 서비스는 어떻게 받을 수 있죠?	How do I get room service?
제 방에서 아침 식사를 할 수 있을까요?	May I have breakfast in my room?
택시 좀 불러주실래요?	Could you call a taxi for me? / Would you call a taxi for me, please?
아침 식사 하는 데는 어디죠?	Where can I have breakfast?
수영장은 어디에 있습니까?	Where is the swimming pool?
레스토랑은 몇 시까지 엽니까?	How late is the restaurant open?
세탁 서비스가 있습니까?	Is there laundry service?
귀중품들 넣을 보관함 있어요?	Do you have a safe for valuables?
이불 하나 더 주실 수 있어요?	Could I have an extra blanket?
제 방 열쇠 좀 주실래요?	May I have the key to my room?
지금 제 방 청소 좀 해주실래요?	Would you clean my room, now?

In the hotel

호텔에서

● 호텔 이용 불편사항

열쇠를 방에 두고 나왔어요.	I'm locked out.
열쇠를 잃어버렸어요.	I lost my key.
1503호인데, 방에 문제가 있어요.	There's a problem with my room, number 1503.
창문이 안 열려요.	I can't open the window.
에어컨이 고장 났어요.	The air conditioner doesn't work.
화장실 물이 안 내려가요.	The toilet won't flush.
온수가 안 나옵니다.	There's no hot water in my room.
제 방 온수에 문제가 있습니다.	There's a problem with the hot water in my room.
샤워기가 고장이에요.	The shower doesn't work.
타월을 바꿔 주세요.	Can I get a new towel?
여긴 너무 시끄러워요.	It is too noisy here.
다른 방으로 옮길 수 있을까요?	Can I change to another?
방 온도를 어떻게 조절합니까?	How can I control the room temperature?
매니저와 얘기 좀 할 수 있을까요?	Can I talk to the manager, please?

● 호텔 체크아웃

체크아웃 시간이 몇 시에요?	What time is checkout?
체크아웃 시간을 한 시간 미루고 싶습니다.	I want to put off my check-out one hour.
5시로 체크아웃을 미뤄도 될까요?	Could I push back my check-out until 5:00?
늦게 체크아웃하면 추가 비용을 내야 합니까?	Is there an extra charge for a late checkout?
늦게 체크아웃 하실 수 있는 시간은 5시까지이고 30달러의 요금이 추가로 부여됩니다.	Late checkout time is 5:00, with a charge of $30.
지금 체크아웃하려고 하는데요.	I'd like to check out now.
하루 일찍 체크아웃하고 싶은데요.	I'd like to check out one night earlier.
하루 더 묵을 수 있을까요?	Can I stay here one more night?
계산할게요.	I'd like to pay the bill.
신용카드 써도 되나요?	Can I use my credit card?
이건 무슨 비용이죠?	What is this charge for?
그것은 미니바 사용 요금입니다.	That's the mini-bar fee.
그것은 주문하셨던 룸 서비스 비용입니다.	That's for the room service you ordered.
계산서에 뭐가 잘못된 것 같은데요.	There's mistake in the bill.

Go sightseeing

관광지에서

● 관광 정보 수집·문의

근처에 관광 안내소가 어디 있죠?	Where is the tourist information center nearby?
이 지역 관광 정보를 좀 얻을 수 있을까요?	Can I get some tour information of this area?
관광 지도 있어요?	Do you have a tourist map?
시내 지도 있습니까?	Do you have a downtown map?
박물관에 관한 안내 책자 있어요?	Do you have any brochures about the museums?
관광객들이 많이 가는 장소로 여기 뭐가 있나요?	What are some tourist attractions here?
당일로 어디에 갈 수 있나요?	Where can I go for a day trip?
이 근처에 어디 돌아볼 데 있나요?	Where's a good place for sightseeing around town?
가볼 만한 데가 어디에요?	What do you think are the best places to see?
추천하실 만한 게 있나요?	Do you have any recommendations?
경치가 좋은 곳을 아십니까?	Do you know a place with a nice view?
근처에 극장이 있나요?	Is there a theater nearby?

박물관이 어디 있는지 아시나요?	Do you know where the museum is?
그곳은 입장료를 받습니까?	Do they charge for admission?
거기 어떻게 가요?	How do I get there?
걸어가도 되나요?	Can I go there by foot? / Can I walk down there?
저기서 버스 타시면 돼요.	You can catch a bus over there.
표 사는 줄이 어디입니까?	Where's the ticket line?
이거 무슨 줄이에요?	What is this line for?
이 박물관은 공휴일에는 폐관합니다.	The museum is closed for the holiday.

● 투어 상품

어떤 투어가 있습니까?	What kind of tours do you have?
안내서가 여기 있습니다.	Here's a tour brochure.
바다를 좀 가고 싶은데요.	I'd like to go to a beach.
시내 관광 투어를 하고 싶은데요.	I'd like to take a city sightseeing tour.
일일 관광을 예약하고 싶은데요.	I'd like a book a one-day trip.
투어는 매일 있습니까?	Do you have tours every day?

Go sightseeing

관광지에서

주말 패키지 가격이 얼마에요?	How much is a weekend package?
어떤 투어 상품들이 있나요?	Which tours do you have available?
일일 관광 상품 있나요?	Do you have a one-day tour?
반일 관광 있어요?	Do you offer a half-day tour?
야간 투어 있어요?	Do you have a night tour?
그 투어에 어떻게 합류하죠?	How can I join the tour?
한국인 가이드도 있나요?	Is there a Korean guide?
관광 경비가 얼마나 들죠?	How much does the tour cost?
입장료 포함된 가격인가요?	Does the price include the entrance fee?
학생 할인 되나요?	Is there a student discount?
식사 포함인가요?	Are any meals included?
한 그룹에 정원은 어떻게 되나요?	How many people are there in a group?
어디서 출발합니까?	Where does it start?
언제 돌아와요?	When will we return?
투어는 몇 시에 끝나나요?	What time does the tour finish?

버스에 에어컨 나오나요?	Is the bus air-conditioned?
버스에 화장실 있어요?	Is there a toilet on the bus?
거기 가는 데 얼마나 걸려요?	How long does it take to get there?
버스는 몇 시에 출발하나요?	What time does the bus depart?
30분 정도 정차하겠습니다.	We're stopping for thirty minutes.
버스로 4시 30분까지 늦지 않게 돌아와 주세요.	Please return to the bus no later than 4:30.
다 와 가나요?	Are we almost there?
저 차멀미하는 것 같아요.	I think I'm carsick.
유람선은 어디서 탈 수 있습니까?	Where can I get on the sightseeing boat?

● 관람 문의

근처에 영화관이 있습니까?	Is there a movie theater here?
오늘 밤 상영하는 건 뭐에요?	What's on tonight?
관람료는 얼마입니까?	How much is the admission?
오늘의 프로그램은 뭐죠?	What is today's program?
오늘 축구 경기 있나요?	Are there any soccer games today?

Go sightseeing

관광지에서

오늘 밤 경기는 몇 시에 시작합니까?	What time does the game begin?
어느 팀이 경기하나요?	Which teams are playing?
공연은 언제 시작하나요?	When does the show begin?
공연 언제 끝나요?	When does the show close?
영화 몇 시에 시작해요?	What time does the movie start?
영화 몇 시에 끝나요?	What time does the movie finish?
미술관 문 언제 열어요?	When's the gallery open?
한 시간 후면 시작해요.	It starts in an hour.
가이드 안내는 있습니까?	Is there a guided tour?
가이드 안내는 10분 후에 시작됩니다.	A guided tour will start in ten minutes.
마실 것은 어디서 삽니까?	Where can I get drinks?
공연은 얼마나 오래 하죠?	How long does the show run?
공연시간은 2시간입니다.	The show runs about two hours.
기념책자는 출구에 있는 선물점에서 살 수 있습니다.	You can buy a souvenir book in the gift shop at the exit.
낮 공연도 하나요?	Do you have matinees?

둘러보는 데 얼마나 걸리나요?	How long does it take to look around?
누가 출연하나요?	Who stars in it?
어느 나라 말로 나와요?	What language is the movie in?
영어 자막 나와요?	Does it have English subtitles?
좌석 안내도가 있습니까?	Do you have a seating chart?

● 티켓 예약·구매

표 한 장 예매하려고요.	I'd like to reserve a ticket.
지금 표 구할 수 있을까요?	Can I get a ticket now?
오늘 밤 경기 입장권 주세요.	I'd like tickets for tonight's game.
슈퍼맨 두 장이요.	Two tickets for Superman, please.
성인표 두 장 주세요.	Two adults tickets, please.
성인 두 장과 아이 한 장 주세요.	Two adults and one child, please.
연속되는 세 자리 있습니까?	Do you have three seats together?
다음 공연의 티켓을 아직 살 수 있나요?	Can I still get a ticket for the next show?
표가 얼마인가요?	How much are tickets?

Go sightseeing

관광지에서

입장료가 얼마예요?	What's the admission fee?
여기서 티켓을 예약할 수 있나요?	Can I make a ticket reservation here?
학생 할인되나요?	Is there any discount for a student?
20퍼센트 할인됩니다.	20 percent off.
단체 요금도 있나요?	Do you have group rates?
여기 들어가는 데 얼마예요?	How much is it to get in here?
할인 티켓을 구할 수 있을까요?	Are there any discount tickets available?
입구가 어디죠?	Where is the entrance?

● 사진 촬영

여기서 사진 찍어도 되나요?	Is it okay to take pictures here? / May I take a picture here?
안에서 비디오 카메라를 사용할 수 있습니까?	Can I use a video camera inside?
이 건물 내에서는 사진을 찍을 수 없습니다.	You can't take pictures in this building.

비디오 카메라는 여기에 맡겨야 합니다.	You have to leave video cameras here.
저희 사진 좀 찍어 주시겠어요?	Would you mind taking our picture? / Could you take our picture?
당신의 사진을 찍어도 될까요?	May I take your picture?
이 버튼만 누르시면 돼요.	Just press this button.
오른쪽으로 조금만 가 주세요.	Move a little to the right.
치~즈.	Say cheese.
한 장 더요.	One more, please.

At a restaurant

식당에서

● 식당 찾기·예약

근처에 맛있는 음식점이 있습니까?	Is there a good restaurant around here?
식당이 많은 곳은 어디입니까?	Where is the main area for restaurants?
근처에 음식 잘하는 이탈리아 식당을 알고 있습니다	I know a nice Italian restaurant near here.
여기서 가까운가요?	Is it close to here?
이 지도 어디에 있습니까?	Would you show me on this map?
가장 가까운 한국 식당은 어디입니까?	Where is the nearest Korean restaurant?
예약이 필요한가요?	Do we need a reservation?
오늘 저녁 7시에 예약하려고 하는데요.	I'd like to make a reservation for 7 p.m. this evening.
예약할 수 있을까요?	Can I make a reservation at your restaurant?
오늘 밤 7시에 4인석을 예약할 수 있을까요?	Can I reserve a table for four at 7:00 tonight?
흡연석입니까, 금연석입니까?	Would you prefer a table in the smoking or nonsmoking section?

금연석을 부탁합니다.	We'd like a table in the nonsmoking section.
성함을 말씀해 주시겠습니까?	May I have your name?
예약을 취소하고 싶습니다.	I'd like to cancel my reservation.

● 식당 입구에서

예약하셨습니까?	Do you have a reservation?
예약을 하지 않았습니다.	We don't have a reservation.
몇 분이십니까?	How many in your party?
창가 쪽 자리 괜찮으세요?	Would you like a seat by the window?
흡연석으로 드릴까요, 금연석으로 드릴까요?	Would you like smoking or non-smoking?
안내해 드릴 때까지 기다려 주십시오.	Please wait to be seated.
25분 정도 기다리셔야 합니다.	There's a twenty five-minute wait.
기다리시겠습니까?	Would you like to wait?
명단에 이름을 올려 드릴까요?	Should I put you on the list?
기다리시게 해서 죄송합니다.	Sorry to keep you waiting.

At a restaurant

식당에서

두 명 자리는 얼마나 기다려야 하죠?	How long is the wait for two people?
지금은 자리가 없습니다.	We are full right now.
이쪽으로 오세요.	Come this way, please.

● 식당 테이블에서

메뉴 좀 주실래요?	Can I get a menu?
메뉴 보시겠습니까?	Would you like to see a menu?
음료를 먼저 준비해드릴까요?	Would you like something to drink first?
주문하시겠습니까?	Are you ready to order?
아뇨, 아직이요.	No, not yet.
지금 주문해도 될까요?	Can I order now?
결정하셨어요?	Have you decided?
오늘의 특별요리는 뭐죠?	What's the special of the day?
추천해주고 싶으신 것 있으세요?	Do you have any recommendations?

지금 주문하시겠습니까?	Would you like to order now?
저는 스테이크로 먹겠습니다.	I'll have the steak.
같은 걸로 주세요.	I'll have the same. / The same for me, please.
저 사람들이 먹는 걸로 주세요.	I'll have what they're having.
이건 어떤 요리에요?	What kind of dish is this?
스테이크는 어떻게 해드릴까요?	How would you like your steak?
바짝 구워주세요.	I'd like my steak well-done.
중간 정도로 익혀주세요.	I'd like my steak medium.
살짝만 익혀주세요.	I'd like my steak rare.
채식 요리가 있나요?	Do you have vegetarian dishes?
해산물 요리가 있어요?	Do you have any seafood dishes?
술은 무엇으로 하시겠습니까?	What would you like to drink?
스테이크와 어떤 메뉴를 함께 드시겠습니까?	What would you like with your steak?
구운 감자 주세요.	Baked potato, please.
치킨 샐러드 주세요.	Get me some chicken salad, please.
샐러드 드레싱은 따로 주세요.	I'd like salad dressing on the side.

At a restaurant

식당에서

● 식사 중에

뭐 더 필요한 것 있으십니까?	Is there anything I can get for you?
다 괜찮으십니까?	Is everything okay?
이것은 무슨 재료를 사용한 겁니까?	What are the ingredients for this?
이 요리에는 무엇이 들어가나요?	What's in this dish here?
이건 제가 주문한 것이 아닌데요.	I'm afraid that this is not what I ordered.
디저트 하시겠습니까?	Would you care for dessert?
디저트는 무엇으로 하시겠습니까?	What would you like for dessert?
디저트는 뭐가 있나요?	What do you have for dessert?
다시 메뉴를 보여주시겠어요?	Could I look at the menu again?
물 한 잔 갖다 주실래요?	Can you get me a glass of water?
빵 좀 더 주시겠어요?	Can I get some more bread?
커피를 더 주시겠어요?	May I have some more coffee?
냅킨 좀 더 갖다 주시겠어요?	Can you get me more napkins?
접시를 하나 더 가져다 주실래요?	Could you bring us another plate?
여기 접시 좀 치워 주실래요?	Could you clear the table, please?

바닐라 아이스크림을 디저트로 주세요.	Vanilla ice cream for dessert, please.
디저트로 치즈 케이크 한 조각 주세요.	I'll have a piece of cheese cake for dessert.
디저트는 생략할게요.	I'll skip the dessert.

● 계산하기

식사는 맛있게 하셨습니까?	Did you enjoy your meal?
25달러 나왔습니다.	That'll be $25.
계산서 좀 갖다 주세요.	I'd like the bill, please.
계산서요.	Check, please.
계산서 여기 있습니다.	Here's your bill.
계산은 어떻게 하시겠습니까?	How will you pay for this?
현금으로 하시겠어요, 신용카드로 하시겠어요?	Cash or credit card?
신용카드 되나요?	Do you take credit cards?
신용카드로 할게요.	I'll put it on my credit card.
영수증을 받을 수 있을까요?	Can I have the receipt, please?

At a restaurant

식당에서

● 패스트푸드점에서

도와드릴까요?	May I help you?
주문하시겠습니까?	May I take your order?
뭐 드시겠습니까?	What would you like?
햄버거 하나랑 감자튀김이요.	I'd like a burger and fries.
햄버거 두 개와 작은 크기의 콜라 두 잔 주세요.	Two hamburgers and two small cokes, please.
양파는 빼 주세요.	Hold the onions, please.
음료는 뭐로 드릴까요?	What do you want to drink?
소다 작은 거요.	I'll have a small soda.
사이즈는요?	What size?
여기서 드실 거예요, 아니면 포장이세요?	For here or to go?
가져가실 건가요?	Do you want that to go?
여기서 먹겠습니다.	Here, please. / I'll eat here.
포장해 주세요.	To go, please.
주문하신 거 여기 나왔습니다.	Here is your order.

● 카페와 바에서

주문하시겠습니까?	Can I take your order?
뭐 드릴까요?	What can I get you?
커피 주세요.	I'd like some coffee, please.
컵 사이즈는요?	What size cups?
6달러입니다.	That'll be $6.
커피 테이크아웃으로 하나 주세요.	I'd like a cup of coffee to go.
어떤 맥주가 있습니까?	What kind of beer do you have?
생맥주는 있습니까?	Do you have a draft beer?
한 잔 더 주세요.	Another one, please.
한 병 더 주세요.	May I have another one?
안주는 무엇으로 하시겠어요?	What would you like with your drink?
어떤 안주를 시킬까요?	What kind of side dishes would you like?

On the street

거리에서

● 길 묻기

백화점은 어디에 있습니까?	Where's the department store?
여기서 중앙역까지 어떻게 가요?	How do I get to Central Station?
여기서 먼가요?	Is it far from here?
기차역이 어딘지 아세요?	Do you know where I could find the train station?
차이나타운으로 가는 길을 가르쳐 주시겠어요?	Please tell me how to get to Chinatown.
국립 박물관으로 가는 가장 좋은 방법은 무엇입니까?	What's the best way to get to the National Museum?
시청으로 가는 방향을 좀 가르쳐 주시겠습니까?	Could you please tell me how to get to City Hall?
이 길이 역으로 가는 길입니까?	Is this the way to the station?
거기까지 걸어서 갈 수 있나요?	Can I walk there?
거기까지 시간이 얼마나 걸리나요?	How long does it take?
근처에 약국 있나요?	Is there a drugstore nearby?
곧장 가십시오.	Go straight.
이 길 따라 쭉 가시면 돼요.	It's just up the road.

다음 블록에 있어요.	It's on the next block.
다음 코너에서 오른쪽으로 도세요.	Turn right at the next corner.
도로 끝까지 곧장 가세요.	Go straight to the end of the road.
곧장 가다가 우체국에서 길을 건너세요.	Go straight and cross the street at the post office.
신호등이 나올 때까지 이 거리를 따라 쭉 가세요.	Walk down this street till you get to a traffic light.

● 택시 타기

택시는 어디서 탈 수 있습니까?	Where can I find a taxi?
택시를 불러주시겠습니까?	Will you call a taxi?
이 주소로 가주세요.	Take me to this address, please.
리치몬드 공원까지 부탁합니다.	Please take me to Richmond Park.
리치몬드 공원입니다.	Here we are, Richmond Park.
얼마나 걸릴까요?	How long will it take?
공항에 7시까지 도착할 수 있나요?	Can we get to the airport by seven?
여기서 먼가요?	Is it far from here?
얼마에요?	What's the fare?
영수증 좀 주세요.	I need a receipt.

On the street

거리에서

● 버스 타기

어디서 버스를 탈 수 있습니까?	Where can I get on a bus?
버스는 저 건물 앞에서 탈 수 있습니다.	You can get on a bus in front of that building.
리치몬드 공원에 가려면 어디에서 버스를 타야 하나요?	Where should I take the bus for Richmond Park?
길 건너편에서 타세요.	Take the bus across the street.
70번 버스가 그곳에 갑니다.	A No. 70 bus will get you there.
다음 버스는 언제 있어요?	When is the next bus?
막차가 몇 시에 있나요?	What time is the last bus?
영국박물관 가나요?	Do you go to the British Museum?
영국박물관에 도착하면 말씀해 주시겠습니까?	Would you mind telling me when we arrive at the British Museum?
갈아타야 합니까?	Do I have to transfer?
어디에서 내려야 합니까?	Where should I get off?
두 정거장 뒤에 내리세요.	Get off in two stops.
여기서 세 정거장 더 가면 돼요.	It's the third stop from here.
다음 정류장에서 내리겠습니다.	I'll get off at the next stop.

● 기차·지하철 타기

어디에서 표를 살 수 있습니까?	Where can I buy a ticket?
저기 자동판매기에서 표를 살 수 있습니다.	You can buy a ticket at the vending machine over there.
매표소는 어디입니까?	Where is the ticket office?
노선도를 얻을 수 있을까요?	Could I have a subway route map?
윈저행 기차는 몇 번 플랫폼에서 탑니까?	Which platform is the train for Windsor?
4번 플랫폼입니다.	Platform No. 4
국립박물관을 가려면 몇 호선을 타야 합니까?	Which line should I take to get to the National Museum?
워털루까지 얼마입니까?	How much is it to Waterloo?
여기가 어느 역입니까?	What station is this?
다음 역이 어디인지 좀 알려주시겠어요?	Can you tell me what the next station is, please?
이번 역은 스테인스입니다.	This stop is Staines.
윈저까지 몇 정거장 남았습니까?	How many more stops to Windsor?
어디에서 갈아타야 하나요?	Where should I transfer?
몇 호선으로 갈아타나요?	Which line should I change to?
리치몬드 공원에 가려면 어떤 출구로 나가야 하나요?	Which exit should I take to get to Richmond Park?

Go shopping

쇼핑하기

● 매장 찾기

이 주변에 할인점은 있습니까?	Is there a discount shop around here?
신발코너는 어디인가요?	Where is the shoe department?
신사복 매장은 몇 층입니까?	On which floor is the men's clothing department?
3층입니다.	The third floor, sir.
에스컬레이터는 어디에 있습니까?	Where is the escalator?
지갑은 어디에서 팝니까?	Where would I find the purses?
카메라 매장은 어디입니까?	Where is the camera department?
이 층 왼쪽입니다.	It's over to the left on this floor.
세일은 어디서 하고 있습니까?	Where's the sale?
영업 시간은 어떻게 됩니까?	What are your business hours?

● 쇼핑 중

좀 도와드릴까요?	May I help you?
뭐 찾으시는 거 있으세요?	What are you interested in?

그냥 구경 중입니다.	I'm just looking. / Just browsing.
필요한 것이 있으면 말씀하십시오.	If you need any help, let me know.
블라우스를 찾고 있습니다.	I'm looking for a blouse.
운동화를 사고 싶은데요.	I want a pair of sneakers.
아이에게 선물할 것을 찾고 있어요.	I'm looking for something for my son.
어떤 사이즈를 찾으세요?	What size are you looking for?
제 걸로 좀 보고 있는데요.	I'm looking for something for myself.
이거 입어봐도 되나요?	Can I try this on?
거울이 어디에 있습니까?	Where is the mirror?
다른 것으로 보여주실 수 있어요?	Could you show me something different?
이것을 입어 보시겠습니까?	Would you like to try this on?
탈의실은 어디에 있습니까?	Where's the fitting room?
제겐 너무 큽니다.	It's too big for me.
더 작은 것 있습니까?	Do you have a smaller one?
셔츠 색깔이 마음에 들지 않는군요.	I don't like the color of this shirt.
어떤 색이 좋으세요?	Which color would you like?
큰 사이즈로 하나 주세요.	One in large size, please.

Go shopping

쇼핑하기

색상은 이거밖에 없나요?	Are these the only colors you have?
이것이 최신형인가요?	Is this your latest model?
계산은 어디서 하나요?	Where can I pay for this?
이걸로 사겠어요.	I'll take this.
이거 얼마에요?	How much does this cost?
합해서 얼마입니까?	How much is it altogether?
그거 선물포장 해주실 수 있어요?	Can I get it gift-wrapped?
선물용으로 포장해 주세요.	Gift-wrap it, please.
포장 코너는 어디에요?	Where is the gift-wrap counter?
4층에 있습니다.	It's on the fourth floor.
엘리베이터 타시고 7층으로 가시면 됩니다.	Take the elevator to the seventh floor.
물건은 마음에 드는데 가격이 너무 비싸요.	I like it, but the price is beyond my budget.
좀 깎아주실 수 있어요?	Could you give me a discount?

● 교환·환불

이것을 교환하고 싶습니다.	I'd like to exchange it.
뭐가 문제인지 여쭤봐도 될까요?	May I ask what the problem is?
여기에 흠집이 있습니다.	It's damaged here.
여기에 얼룩이 있습니다.	I found a stain here.
저한테 너무 헐렁해서요.	It's too loose for me.
저한테 너무 꽉 끼어서요.	It's too small for me.
어떤 걸로 바꾸고 싶으세요?	What's it you wish to change?
저것으로 교환해 주세요.	Please exchange this for that.
이걸 더 작은 사이즈로 바꾸고 싶은데요.	I want to exchange it with a small-sized one.
이거 환불하고 싶은데요.	I'd like to get a refund on this.
영수증을 가지고 있습니까?	Do you have the receipt?
여기 영수증 있습니다.	Here is the receipt.
어제 현금으로 계산했어요.	I paid in cash yesterday.

Return home

귀국하기

● 분실 · 도난

여권을 잃어버렸습니다.	I lost my passport.
제가 지갑을 잃어버린 것 같아요.	I think I lost my wallet.
제 지갑을 누가 훔쳐갔어요.	My wallet was stolen.
지갑을 택시에 두고 내렸나 봐요.	I think I left my wallet in the taxi.
분실물 취급소는 어디에 있습니까?	Where is the lost and found?
지갑을 소매치기 당했어요.	I had my wallet pickpocketed.
지하철에서 소매치기를 당했어요.	I got pickpocketed in the subway.
가방을 잃어버렸어요.	I lost my bag.
어디서 잃어버렸나요?	Where did you lose it?
가방 안에 무엇이 들어 있나요?	What's in your bag?
제 여권과 신용카드, 그리고 현금이 좀 들어 있어요.	My passport and my credit cards and some cash.
경찰서는 어디에 있습니까?	Where's the police station?
한국 대사관에 연락하고 싶습니다.	I'd like to contact the Korean embassy.
찾거든 이 전화번호로 연락 주세요.	Please contact me at this phone number when you find it.

● 예약 확인·변경

예약을 확인하고 싶습니다.	I'd like to confirm my reservation. / I'd like to check my reservation.
제 비행기 좌석 예약을 재확인하고 싶습니다.	I'd like to reconfirm my reservation. / I want to reconfirm my flight.
제 예약을 재확인해 주시겠어요?	Can you reconfirm my reservation please?
105편의 비행기 예약을 재확인하고 싶습니다.	I want to reconfirm my reservation on Flight 105.
마이클 김이라는 이름으로 15일에 예약되어 있는지 확인해 주세요.	I'm calling into confirm, Michael Kim for the 15th.
예약 확인 번호 있으세요?	Do you have your confirmation number?
항공권은 가지고 계십니까?	Do you have a ticket?
예약번호를 알려주시겠습니까?	What's your reservation number?
이름과 항공편명을 알려주시겠습니까?	Could you tell me your name and flight number?
예약번호는 JVN 89입니다.	My reservation number is JVN 89.
이름은 황정원이고 항공편은 인천행 CX 251입니다.	My name is Chung-won Whang and my flight number is CX 251 for Incheon.
출발일이 언제시죠?	When are you leaving?

Return home

귀국하기

7월 15일입니다.	On July 15th.
예약이 확인되었습니다.	Your reservation is confirmed.
손님 비행 예약이 확인되었습니다.	Your flight reservation has been confirmed.
예약을 변경하려고 하는데요.	I want to change my reservation.
예약 변경이 가능할까요?	Can I change my reservation?
4월 15일자로 되어 있는 예약을 변경하고 싶습니다.	I'd like to change my reservation for April 15.
어떻게 변경하고 싶습니까?	How do you want to change your flight?
4월 20일로 변경하고 싶어요.	I'd like to change it to April 20.
좀더 일찍 떠나는 비행기로 예약을 변경할 수 있는지 알고 싶습니다.	I'm wondering if I can change to an earlier flight.
그 항공편은 빈 좌석이 없습니다.	There are no vacant seats on that flight.
예약을 취소하고 싶은데요.	I'd like to cancel my reservation.

● 출국 수속

탑승 수속 카운터가 어디에 있죠?	Where are the check-in counters?
대한항공 탑승 수속 카운터는 어디에 있나요?	Where is the check-in counter for KAL?
310호기 탑승 수속은 언제부터 시작하나요?	What time do they start checking in for flight 310?
여기서 탑승 수속을 할 수 있나요?	Can I take care of boarding procedures here?
체크인이요.	Check in, please.
수속을 밟고 싶습니다.	I'd like to check in, please.
제 탑승 수속을 부탁합니다.	Please check me in for my flight.
여권과 항공권을 주시겠습니까?	Can I have your passport and your ticket?
창가 쪽과 통로 쪽 중에 어느 좌석을 드릴까요?	Would you like a window or an aisle seat?
창가 쪽 좌석 주세요.	I'd like a window seat, please.
창가 쪽 좌석 있나요?	Do you have a window seat?
앞부분에 창가 쪽 좌석 있나요?	Are there any window seats up front?
남아 있는 창가 쪽 좌석이 없습니다.	We don't have any more window seats.
가방이 몇 개시죠?	How many bags do you have?

Return home

귀국하기

부치실 짐이 있으신가요?	Do you have any luggage to check in?
이 가방 하나 부칠게요.	I have this bag to check in.
짐을 저울 위에 놓아 주시겠습니까?	Would you put your bag on the scale, please?
무게가 초과하였습니다.	It's overweight.
무게가 3kg 초과하였습니다.	You've got 3 kilos of excess baggage.
추가 요금을 내셔야 합니다.	You'll have to pay extra.
부과금이 얼마예요?	How much is the charge?
무게 초과에 대해 얼마나 지불해야 합니까?	How much should I pay for the overweight?
무게 초과 1kg당 10달러를 지불해야 합니다.	The charge for overweight is ten dollars per kilo.
탑승권 주세요.	Your boarding pass, please.
여기 탑승권과 여권입니다.	Here's your boarding pass and passport.
탑승은 언제 시작하나요?	When does boarding begin?
탑승 시간이 언제입니까?	What is the boarding time?
탑승은 출발 시각 30분 전에 시작합니다.	Boarding begins thirty minutes before the departure time.

출발 시각 20분 전에 5번 게이트에서 탑승하세요.	You'll board at gate 5 twenty minutes before the departure time.
인천행 탑승 게이트는 여기입니까?	Is this the gate for Incheon?
5번 게이트는 어느 쪽입니까?	Which way is gate 5?
인천행 KAL 501 승객들은 탑승 수속을 해 주십시오.	Passengers should check in for flight KAL 501 to Incheon.
20번 게이트에서 탑승해 주시기 바랍니다.	Please proceed to Gate 20 for boarding.
탑승권을 좀 보여주시겠습니까?	May I see your boarding pass, please?
소지품을 바구니에 넣어 주세요.	Put your belongings in the basket.

PART 3

알아 두면 힘이 되는 **기본표현모음**

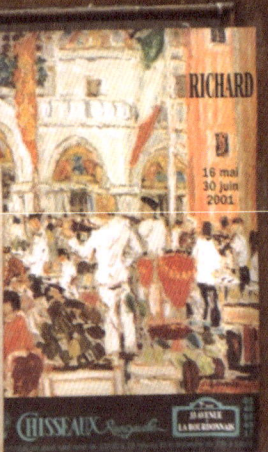

Basic Expressions

인사

● 일상적인 인사

안녕하세요.	Hi. / Hello. / Good morning. / Good afternoon. / Good evening.
어떻게 지내세요?	How are you?
좋아요.	Fine.
처음 뵙겠습니다.	How do you do?
만나서 반갑습니다.	Nice to meet you. / I'm glad to meet you.
다시 만나서 반갑습니다.	It's nice to see you again. / I'm glad to see you again. / It's great to see you again. / How nice to see you again.
하시는 일은 잘 됩니까?	How's business? / How're things with you? / How's everything going?

 DIALOGUE

A Good morning. How are you?
   안녕하세요. 어떻게 지내세요?
B Fine, Thank you. How about you?
   잘 지내요. 당신은요?
A Just fine.
   잘 지냅니다.

● 소개할 때

제인, 이쪽은 이 선생님입니다.	Jane, this is Mr. Lee.
이 선생님, 제 친구 제인을 소개할게요.	Mr. Lee, Let me introduce my friend Jane.
말씀 많이 들었습니다.	I have heard a lot about you.
제 이름은 황정원입니다.	My name is Chung-won Whang.
한국에서 왔습니다.	I'm from Korea.

● 헤어질 때

안녕히 계세요.	Good bye.
안녕히 가세요.	Take care.
나중에 또 봐요.	See you later.
얘기 즐거웠습니다.	Nice talking to you.
우리 계속 연락해요.	Let's keep in touch.
또 만나길 바래요.	Hope to see you again.
만나서 반가웠습니다.	It was nice to have met you.
이메일 보낼게요.	I'll email you.

Basic Expressions

질문

● 묻기

실례합니다.	Excuse me.
합석해도 될까요?	May I join you?
담배 있으세요?	Do you have a smoke?
담뱃불 있으세요?	Do you have a light?
전화 좀 쓸 수 있을까요?	Could I please use the phone?
화장실이 어디에요?	Where are the toilets?
여자 화장실은 어디 있는지 가르쳐 주시겠습니까?	Could you tell me where the men's room is?
가장 가까운 우체국이 어디에 있습니까?	Where is the nearest post office?
실례합니다. 여기 자리 있나요?	Excuse me, is anyone sitting here? / Excuse me, is this seat taken?
제가 길을 잃은 것 같은데 좀 도와주시겠습니까?	I think I'm lost. Could you help me?
시내에 가는 가장 좋은 방법은 무엇입니까?	What is the best way to get downtown?
박물관 열람 시간이 몇 시입니까?	What hours are the museum open?
수영장은 몇 시에 엽니까?	What time does the pool open?

입장권은 어디서 사나요?	Where can I buy a ticket?
언제 다음 공항버스가 출발합니까?	When does the next airport bus leave?
숙박할 만한 곳을 소개해 주시겠어요?	Could you suggest a good place to stay?
근처에 식사하기 좋은 곳 있나요?	Are there any good places to eat around here? / Do you know of any good restaurants around here?
이게 무슨 뜻인가요?	What does this mean?
이건 뭐라고 해요?	What do you call this?

DIALOGUE

A Excuse me, could you tell me where the rest room is?
실례합니다. 화장실이 어디 있는지 가르쳐 주시겠어요?

B It is downstairs.
아래층에 있습니다.

A Thank you.
고맙습니다.

Basic Expressions

질문

● 다시 묻기

알겠습니다.	I see.
뭐라구요?	Pardon me? / Excuse me? / I beg your pardon?
뭐라고 하셨어요?	What did you say?
잘 못 들었어요. 뭐라구요?	I can't hear you. Come again?
잘 못 들었어요. 다시 말해 줄래요?	I didn't hear you. Could you come back?
그건 무슨 뜻입니까?	What does it mean?
다시 한 번 말씀해 주실래요?	Could you please repeat that?
뭐라고요?	Excuse [Pardon] me? / I'm sorry?
좀 천천히 말씀해 주세요.	Please speak more slowly.
더 크게 말씀해 주시겠어요?	Could you please speak louder?
여기에 좀 적어 주실래요?	Could you write it down here, please?
이해가 안 돼요.	I don't get it.
철자 좀 알려주실래요?	Could you spell that?

말씀을 잘 못 알아 들었습니다.	I didn't quite catch your words.
기내 방송을 잘 못 알아 듣겠어요.	The in-flight announcement is not clear to me.
여기 이 버튼 말입니까?	Do you mean this button here?
안내방송의 마지막 부분을 잘 못 알아 들었는데 뭐라고 했습니까?	I couldn't quite catch the last announcement. What did they say?

DIALOGUE

A Excuse me, could you tell me where the post office is?
실례합니다. 우체국이 어디에 있는지 가르쳐 주시겠습니까?

B Well, you turn left at the next corner...
음, 다음 모퉁이에서 왼쪽으로 돌고….

A Please speak more slowly.
좀 천천히 말씀해 주세요.

Basic Expressions

감사

감사합니다.	Thank you.
고마워.	Thanks.
조언해줘서 정말 고마워요.	Thanks a million for your advice.
도와주셔서 감사합니다.	Thank you for your help.
천만에요.	You're welcome. / Don't mention it.
제 기쁨입니다.	My pleasure.
제가 할 수 있어서 기뻤습니다.	I was happy to do it.
친절에 대단히 감사합니다.	That's very kind of you.
대단히 감사합니다.	Thank you so much. / I'd appreciate that.
진심으로 고마워요.	From the bottom of my heart, thank you.
진심으로 당신께 감사드려요.	I send you many thanks from my heart.
배려에 감사드립니다.	I appreciate your thoughtfulness.
초대해줘서 감사합니다.	Thanks for inviting me in. / I appreciate the invitation.
와주셔서 고마워요.	Nice of you to come. / We're glad you could come.

부탁을 들어주셔서 대단히 감사합니다.	I am grateful for your acceptance of my request.
호의적인 답변에 감사드립니다.	Thank you for your kind reply.
저와 얘기할 시간을 내주셔서 감사드립니다.	I do appreciate the time you've taken to talk with me.
어떻게 감사드려야 할지 모르겠습니다.	I can't thank you enough. / I have no words with which to thank you.

DIALOGUE

A Thank you for your help.
   도와주셔서 감사합니다.

B No problem.
   괜찮아요.

Basic Expressions

허락

사진을 찍어도 됩니까?	May I take a picture here?
여기에 앉아도 되겠습니까?	May I sit here?
여기서 담배를 피워도 됩니까?	May I smoke here? / Is it okay if I smoke here? / Do you mind if I smoke in here?
잠깐 여쭤봐도 되겠습니까?	May I ask you something?
1박을 더 해도 됩니까?	Can I stay one more night?
쇼핑 좀 해도 됩니까?	Can I do some shopping?
잠깐 실례 좀 해도 될까요?	Would you excuse me for a moment?
질문 좀 해도 될까요?	Can I ask a few things? / Can I ask some questions?
부탁을 하나 해도 될까요?	Can I ask a favor of you? / Can I call in a favor?
물론이죠.	Of course.
예, 그러세요.	Yes, please.
좋아요.	That sounds good.
재미있겠네요.	That sounds like fun.
알려 주셔서 대단히 감사합니다.	We appreciate your bringing this to our attention.

그래요/맞아요.	Yes [Right, Sure, Absolutely].
마음에 들어요.	I like [love] it.
멋진데요.	It's wonderful [fantastic, fabulous].
잘 알겠습니다.	I hear you there.
무슨 말씀이신지 알겠습니다.	I see what you mean.
가는 것을 허락해 주세요.	Permit me to go.

DIALOGUE

A **May I take a picture here?**
사진을 찍어도 됩니까?

B **No cameras can be used in the museum.**
박물관 내에서 사진 촬영은 금지되어 있습니다.

A **I see.**
알겠습니다.

Basic Expressions

사과

죄송합니다.	I'm sorry.
정말 죄송합니다.	I'm so sorry.
저도요.	Same to you.
제 잘못입니다.	It's my fault.
늦어서 죄송합니다.	Excuse me for being late. / I'm sorry for being late.
용서하세요.	Please forgive me.
제 시간에 오지 못해서 죄송합니다.	I'm sorry I couldn't come here in time.
발을 밟아 죄송합니다.	I'm sorry that I stepped on your foot.
기분 상하셨다면 죄송합니다.	I'm sorry I hurt your feelings.
아, 죄송합니다. 실수를 했네요.	Oh, I'm sorry. I made a mistake.
불편을 끼쳐서 죄송합니다.	Sorry for the inconvenience.
귀찮게 해드려서 죄송해요.	I'm sorry to bother you.
도움을 못 드려서 죄송해요.	I'm sorry that I couldn't help you.
좀더 주의를 기울이지 못해서 죄송해요.	I'm sorry for not being more careful.

죄송해요. 이미 선약이 있어서요.	I'm sorry. I have another appointment.
죄송하지만 저도 여기는 처음인데요.	I'm sorry I'm new around here.
걱정하지 마세요.	Don't worry about it.
괜찮아요.	That's OK. / That's all right. / No problem.

DIALOGUE

A I am terribly sorry. I got caught up in traffic.
  정말 미안합니다. 차가 막혀서 늦었어요.

B Oh, that's OK.
  아, 괜찮아요.

A Did you have to wait long?
  오래 기다렸어요?

B No, I've just arrived myself.
  아뇨, 저도 방금 도착했어요.

Basic Expressions

시간

몇 시입니까?	Do you have the time? / What time is it? / What's the time? / Have you got the time?
지금 몇 시인지 아세요?	Do you know the time?
시간 있으세요?	Do you have time?
6시 15분이요.	It's a quarter past six.
6시 30분이요.	It's half past six. / It's six thirty.
5시 10분 전이네요.	It's ten to five.
3시 10분이에요.	It's ten after three.
정확히 3시네요.	It's three o'clock sharp.
이 시계가 맞는 건가요?	Is this clock right?
이 시계 느리네요.	This clock is slow.
제 시계가 좀 빨라요.	My watch is running a little fast.
뉴욕은 지금 몇 시입니까?	What is the time in New York?
현지 시각이 몇시에요?	What is the local time now?
출발 시각은 몇 시에요?	When is the departure time?
몇 시까지 거기에 가야 하죠?	What time do I have to be there?

몇 시로 약속할까요?	What time shall we make it? / What time should we make it?
몇 시까지 입실해야 하나요?	By what time should I check in?
몇 시인 것 같아요?	What do you make the time? / What time do you think it is?
몇 시 비행기를 원하세요?	When would you like to go?
연극이 몇 시에 시작하죠?	What time does the play start?
몇 시에 문을 여시나요?	What time do you open?

DIALOGUE

A What time, please?
　 지금 몇 시입니까?

B It's ten after three.
　 3시 10분이요.

A By what time do we have to be there?
　 우리는 거기에 몇 시까지 가야 되죠?

B We need to go by 5 o'clock.
　 5시까지는 가야 해요.

Basic Expressions

예약·거절

● 예약

거기가 힐튼 호텔 예약계입니까?	Is this the Hilton Hotel reservation desk?
방을 하나 예약하고 싶습니다.	I'd like to book a room.
예약할 수 있습니까?	Can I make a reservation?
예약하고 싶어서 전화했습니다.	I'm calling to make a reservation.
오늘 저녁에 예약 가능한가요?	Can I have a table for tonight? / Can I make a reservation for tonight?
월요일 도쿄행 비행기편을 예약하고 싶은데요.	I'd like to book a flight to Tokyo on Monday.
시애틀 직행편을 예약할 수 있나요?	Can I book through to Seattle?
지금 예약을 변경할 수 있습니까?	Can I change my reservation now?
전화로 연극표를 예약할 수 있습니까?	Can I book for plays on the phone? / Can I make reservations for plays by phone?
윌슨 선생님께 진료 예약을 하고 싶습니다.	I'd like to make an appointment with Dr. Wilson.
수요일에 예약할 수 있어요?	Can I have an appointment on Wednesday?
여기서 예약하면 되나요?	Can I make a reservation here?

● 거절

아뇨, 됐습니다.	No, thank you.
아뇨, 괜찮습니다.	No, that's OK.
많이 먹었어요.	I'm full.
말도 안 돼요.	No way.
그런 것 같지 않은데요.	I don't think so.
그렇지 않아요.	That's not true.
그러고 싶지만, 선약이 있어요.	I'd love to, but I have another appointment.
저는 거절해야겠네요. 선약이 있거든요.	I'll have to beg off. I have another engagement.

DIALOGUE

A Can I reserve a ticket over the phone?
   전화로 표를 예약할 수 있습니까?

B Ticket reservations are all done on computer.
   티켓 예약은 컴퓨터로만 가능합니다.

A Oh, really? How much are advance tickets?
   아, 그래요? 예약티켓은 얼마입니까?

B Each ticket is $10.
   티켓은 한 장에 10 달러입니다.

Basic Expressions

긴급상황

도와주세요!	Help!
도둑이야!	Thief!
저 사람 잡아요!	Get him!
저 늦었어요.	I'm late.
저 급해요.	I'm in a hurry.
긴급 사태예요.	I have an emergency.
경찰을 불러요.	Call the police.

DIALOGUE

A **Help!**
　도와주세요.

B **What's wrong?**
　어떻게 된 겁니까?

A **My arm is injured.**
　팔을 다쳤습니다.

B **Shall I call an ambulance?**
　구급차를 부를까요?

A **If you could get a taxi, I think I can go to the emergency room.**
　택시를 불러주시면 응급실에 갈 수 있을 것 같습니다.